内向型人間のリーダーシップにはコツがある

頼めない・
叱れない・
人間関係が
苦手……

渡瀬 謙
Ken Watase

大和出版

はじめに
コツさえつかめば、内向型のままで立派なリーダーになれる！

リーダーに選ばれるというのは、本来はとても名誉で喜ばしいことです。

会社から期待され、社会的にも認められ、まわりや家族からも尊敬され、さらには待遇までよくなる――。

何よりも自分自身の充実感が違ってきます。

したがって、基本的にはだれもがそうなることを望みながら日々、仕事を頑張っていることだと思います。

でも、ごく一部の人たちは違います。

それどころか、

「できればリーダーにはなりたくない」

とさえ思っています。

では、ごく一部の人たちとはだれなのか？

それは、この私も含めて、いまこの本に関心をもっているあなたのようなタイプです。

すなわち、人前に出て目立つことを極力避け、できるだけ波風を立てないように人と接し、可能であるなら現状のまま静かに仕事に没頭していたかったタイプ。

そう、内向型です。

実際のところ、リーダーのなかには、自分が望んでいないのにもかかわらず選ばれてしまった、という人も少なからずいることでしょう。

「ほかにリーダーになりたがっている人がたくさんいるのに、どうして自分が……」

内向型リーダーの苦悩の日々が、そこから始まります。

かくいう私自身、リーダーになって苦しんできた内向型の1人です。

子どもの頃から口下手で人見知りのうえ、極度のあがり症。

小・中・高校のどのクラスでも一番おとなしい性格でした。少しでも人前に出るとあがってしまうので、できるだけ目立つことを避けて生きてきました。

当然、リーダーになったこともなければ、なろうとも思いませんでした。

詳しくは序章でお話ししますが、そんな私が、ある日、部下をもつリーダーになってしまったのです。

それからは、不安と恐怖の毎日でした。

リーダーになった以上は、どんなにイヤだろうと部下をまとめ上げて、叱咤激励しながら、与えられた任務をこなさなければならない。

日々、人前に立って指揮をとり、辛くても笑顔を絶やさず、部下の見ている前ではつねに威厳を保ち続けなければならない……。

私が描いていたリーダー像です。

「これからそんな人間にならなければいけないのか」という不安と、「できなかったらどうしよう、いや、きっとできないに違いない」という恐怖。

もしかすると、この本を手にとっているあなたも、少なからずこのような気持ちを抱えているのかもしれませんね。

でも、ご安心ください。

なぜなら、そんなリーダーのイメージとは正反対の人間だった私でも、きちんとリーダーとしての責務を果たすことができたからです。

もちろん、最初からうまくできたわけではありません。

というより、失敗の連続でした。

でも、そんなたくさんの失敗のなかから自分にもできる方法を探し出し、それを実践することで、10名のメンバーたちをチームとしてまとめて、結果を残すことができたのです。

決して威張れたものではありませんが、それでも超内向型の私からすれば快挙です。

この話を人にすると、決まってこんな質問をされます。

「それは大変だったね。そうとうな努力をしたんだろうね。どうやって自分の性格を変えたの？」

それに対して、私はいつもこう答えます。

「えっ？　努力？　そんなのまったくしてないよ。それにどうやって性格を変えたかって？　性格なんて変えるわけないじゃん。ふだんの自分のままだよ」

すると相手はキョトンとします。

事実、私は内向型の性格のままのリーダーでした。

ムリに自分を変えようとしてストレスを感じることもありませんでした。

クラスで一番おとなしかった頃の性格のままで、メンバーと接し、チームをまとめていたのです。

「じゃあ、どうやって……？」

その疑問に答えるために、この本を書きました。

そして現在、私がかつてリーダーになったばかりの頃に抱えていた不安と恐怖に苦しんでいる人に、どうしても次のことを伝えたくて書いたのです。

内向型の性格のままでも立派なリーダーになれるんだよ、と。

リーダーに選ばれた内向型の人がまず直面するであろう、「自分を変えなければいけない」という大きなプレッシャー。

これまでできるだけ避けてきた苦手なことを、頑張って克服しなければならないという絶望的な気持ち。

それらをいっさい感じることなく、しかもきちんとリーダーとしてやっていける方法があることを知ってほしいのです。

それを知らずに、まさにいま、リーダーであることをあきらめようとしている人もいることでしょう。

じつにもったいないことです。

そんなよけいな苦労（あえて「よけいな苦労」といわせていただきます）をしなくても、やり方を少し変えるだけで、だれもがうらやむリーダーになれるかもしれないのに。

内向型が本来、もっているリーダーとしての資質を活かすだけでいいのに。

おそらく、いまの時点ではあなたは疑うでしょうが、

じつは、「内向型こそリーダーに向いている」のです。

この本は、自分の性格をごまかしながら、何とかリーダーとしてやっていくための方法論を述べたものなどではありません。

むしろ最終的には、**「内向型の性格を活かすことで、既存のリーダーにはできないことまでやれるのだ」**ということを解説するものです。

そして、１人でも多くの悩める内向型リーダーからプレッシャーをとり除き、本来の能力を発揮してもらうことで、より健全かつ結果の出せるチームをこの世に増やすことが私の目的なのです。

ぜひ、あなたもその１人になってください。

渡瀬　謙

内向型人間のリーダーシップにはコツがある

目次

第1章 内向型リーダーにはこれだけの長所がある
──ちょっと視点を変えるだけでマイナスがプラスに！

第2章 こうするだけで部下との人間関係はグンとラクになる
――コミュニケーションの悩みはこれで解決!

第3章 このやり方なら自分にムリせず部下育成ができる
——内向型ならではの「ほめ方」「叱り方」「任せ方」

第4章 うまくまとめようとしないほうがチーム力は上がる
――強いリーダーシップなんてなくてもOK！

第5章 ピンチのときこそ内向型の強みが活きてくる
――これで、あなたはどんな壁も乗り越えられる！

終章 肩の力を抜けば、自然に部下と結果がついてくる
――あらためて内向型リーダーに伝えておきたいこと

本文デザイン／村﨑和寿

序章

内向型って本当にリーダーに向いていないの？

――私がその立場になって初めて見えてきたこと

01

最初は典型的なダメリーダーだった！

●子どもの頃からリーダーの経験は皆無

「あーあ、どうしてこうなっちゃったんだろう」

ここは都内のマンションの小さな一室。私が働いているデザインオフィスです。

メンバーは10名。

私は小さいながらもデザイン制作会社の社長でした。

最初のうちは１人でのんびりやっていたのですが、仕事量が増えてきたのに比例して、メンバーも増えていったのです。

そして、それが悩みの種でした。

というのも、子どもの頃から極度の口下手、人見知りであがり症だった私は、人と一緒にいるよりも１人でいるほうが好きな人間。

当然ながら、学生時代から社会人になるまでの間、リーダーになった経験は皆無といっていいほどありませんでしたし、なりたいとも思っていませんでした。

それがいつの間にかこんな数のメンバーをまとめなければいけなくなるなんて……。

少し話をさかのぼると、前職はリクルートという会社で営業をしていました。

そこでは全国トップの成績を出して会社からは認められていたのですが、大勢のメンバーと一緒にいることには、つねに苦痛を感じていました。


人と一緒に仕事をすることにストレスを抱えやすい性格だったのです。


したがって、どんなに成績がよくても、私の心が休まることはありませんでした。

しかもこのままいれば、いずれリーダーになって部下の面倒を見なければいけなくなる。

それだけは絶対に避けたい！

ちょうどそのときに、１人でできるフリーランスの仕事があることを知って、迷わず会社を辞めて、そちらの道を選んだのです。

フリーの仕事は、それなりに苦労もありますが、私にとっては１人でいられるというのが何よりもありがたいことでした。

でも、それも長くは続かず、再び大勢の人と一緒に働くことになってしまったのです。

●頼めない、叱れない、感情を表に出せない

小さなデザイン制作会社の社長という立場ではありますが、マンションの一室での共同作業は、普通の会社の一部署におけるチームリーダーとメンバーの関係と同じです。

ただ、大きな違いは、私が極度の内向型で、リーダーの経験がゼロだったということ。

メンバーたちと、どのように接していいのかわからないのです。

まず、頼めない。仕事ももちろんですが、細かい雑用なども頼めませんでした。

「これは難しいから頼めないな」「こんなの頼んだら気分を悪くするかもしれないな」「いま忙しそうだな」などと気を使いすぎてしまって結局、自分でやってしまうのです。

残業や休日出勤をお願いすることもできず、いつも私だけがだれもいないオフィスで黙々と作業を続けていました。

もちろん、叱ったり、ほめたりすることもできません。

部下に直してほしいところがあっても、たいていは私の心のなかにしまっていました。

加えて、感情を表に出したり、大きな声を上げたり、自分の意見をいったりすることも、

ほとんど未経験のまま生きてきました。

極端な話、自分がどこまで大きな声が出るのかすら知らなかったのです。

いま思い返しても、本当にダメリーダーでした。

でも、当時の私は、そんなことよりも、毎月の売上げを立てるので精一杯でした。

「自分が仕事をとってこなければ、この人たちは食べていけない」

その毎月のプレッシャーは、胃が痛くなるほどのものでした。

メンバーの不満などに気を配っている余裕はなかったのです。

「まあ、ちゃんと給与を払っていれば問題ないだろう」

という程度に考えていました。

そして、そうこうしているうちに、いつしかメンバーとの会話もなくなり、小さなマンションの一室は、いつも重苦しい空気で包まれるようになってしまったのです。

さすがの私も何とかしなければいけないとは思っていましたが、どうしたらいいのかまったくわかりませんでした。

point 01

苦手なことでもやらなければいけないときがある

02 リーダーらしいリーダーになろうとするほど事態は悪化

●リーダーがするべきことって何？

その後、これといった策を打てないまま、数カ月がたった頃——。

オフィス内はというと、相変わらずどんよりと重たい空気が立ち込めていました。

私が外から帰ってきても、だれも振り向いたりしないし、あいさつもしません。

たまに大型受注が入ったところで、それを喜び合う人もいませんでした。

私は、いつしか朝から外出して夕方に帰ってくるようになりました。

オフィスにいたくなかったのです。

その代わり、みんなが帰ったあとに、自分の仕事をするような毎日でした。

メンバーとの接触が極端に減るようになると、当然ながら仕事上での意思の疎通も悪くなります。

仕事でのミスやトラブルが出始めたのもその頃です。

「いくら人づきあいが苦手だといっても限度がある……」

私はようやく危機感を覚え、部下育成本とかリーダー本を読みあさりました。

すると、そこでわかったのは、私はリーダーとしてやるべきことをまったくといっていいほどしていない、ということでした。

●メンバーにはこまめに話しかけよう！（↓必要最低限の会話だけでした）
●自ら率先して雰囲気づくりをしよう！（↓まったくやっていませんでした）
●みんなにやりがいを与えよう！（↓考えもしませんでした）

そういうことをきちんとやらないと、チームはどんどん劣化して業績が落ちるとのこと。

「だから自分のチームはダメだったんだ！」

当時は、その論に大いに納得したものです。

◉自分はこんなに努力しているのに……

「やはりふだんからのコミュニケーションが大事なんだ」

「こちらから積極的に接していかなければダメなんだ」

そう考えた私は、さっそく人が変わったように振る舞い始めました。

具体的には、1人ひとりに声をかけ、ときには肩に手を添えて、自分でできる精一杯の笑顔でメンバーと接するようにしたのです。

ところがメンバーの反応は、私の期待に反するものでした。

それまでほとんど接触をしてこなかった私が急変したので、みんなキョトンとしているのです。こちらがどんなにフレンドリーに接しても、ほとんど反応してくれません。

「あれ、何だかまた変な感じになっちゃったぞ」

あまりにも不自然な行動に、逆に警戒されてしまったようです。

また、あるときには「強いリーダー」になりきって、メンバーに対して仕事や生活態度などを厳しく指導しました。少し大きめの声で叱ったりもしました。

結局は本からの受け売りにすぎないのですが、**「リーダーとしてふさわしい態度で臨もう」**と、私なりに努力していたのです。

しかし、それが実を結ぶことはありませんでした。

むしろ、私が新しい試みをすればするほど、メンバーとの距離は離れていったのです。

「こんなに頑張っているのに、何でみんなわかってくれないんだ！」

そんな不満が、私の心にどんどんたまっていきました。

急に辞めるメンバーが出始めたのも、その頃のことです。

ある日突然、退職したいといってきました。理由など想像もつきません。何しろメンバーの本心など、まったくわかっていませんでしたから。

コミュニケーションをとろうとしていたのは私だけで、メンバーは何も話してくれない。どんなに頑張ってみても、私1人が空回り状態。正直、むなしくなりました。

そこであらためて思ったのは、**「内向型の私にはリーダーとしての素質がない」**ということでした。

本に書いてあることはもっともだと思うのですが、いざそれを実行に移すとなると、私にとっては苦手なことばかりだったのです。

「こんな状態が続くくらいなら、いっそのこと会社を解散してしまおうか」

当時は、そこまで精神的に追い込まれていました。

ところが、そんなある日、私にとって転機となる出来事が起こったのです。

point 02

ムリに自分を変えようとしても辛いだけ

03 視点を「あること」にシフトしたとたん、チームが一丸になった！

●このままではあえなく倒産!?

それは突然、やってきました。

大口の取引先から、仕事が来なくなったのです。

当時の私の会社は、月刊誌の制作をメインに行っていて、それが毎月のコンスタントな売上げになっていました。

「この雑誌、あと3カ月で廃刊になるから」

そういわれてしまったら、私にはどうしようもありません。従うしかないのです。

全体の売上げの30％を占めている仕事だったので、大打撃でした。

しかも、悪いことは続くものです。

そのあとすぐに、別の会社からも雑誌廃刊の通知がやってきました。

そして、さらにもう1社。

何かたたりでもあるのではないかと思うほど、悪い知らせが連続しました。

しかし、嘆いてばかりもいられません。

もうすぐ会社にお金が入ってこなくなるのです。

「このままではメンバーに給与を払えなくなるし、リストラも必要になってくる……」

そう、倒産が現実のものとなってきたのです。

ただ、そのときの私には、

「このままつぶれてもいいかな」

という気持ちもありました。

何しろ、自ら会社を解散しようと思っていたくらいなのですから。

でも、こんな私にも多少なりとも意地があります。

「何もしないでつぶれるのを待つくらいなら、最後に思いきりあがいてみよう」

そんな開き直りにも似た心境になっていました。

●みんなで成し遂げた「奇跡のV字回復」

実際のところ、この危機的状況は私だけの問題ではありません。

メンバーたちにとっても、路頭に迷うかどうかの大問題です。

「とにかく、この1カ月で今後のメドを立てないとマズイ」

私は、ことの経緯をすべてメンバーに話しました。

すると、みんなが真剣になって意見を出し始めたのです。

いま何ができるのか？

どんな手段があるのか？

売上げを立てるためにはどうすればいいのか？

久しぶりにメンバーと会話をしたような気がします。


そう、いつの間にか「お互いの共通の目的」のための話し合いをしていたのです。


その結果、ＤＭをつくる者、チラシをまく者、電話営業をする者など、個々に分担を決めて、総出で新規獲得のためにそれぞれの仕事にとりかかることになりました。

「新規顧客を見つけ出す」という目標が決まったとき、全員で1つの方向に向かっていることを実感しました。

会社が大ピンチになって、初めてチーム一丸となったのです。

と同時に、私自身もやるべきことが明確になりました。

既存の仕事に頼りきって、新規開拓をしてこなかった責任は私にあります。

「みんなのためにも何とかしなければ」

そして、ここで起死回生の逆転満塁ホームランが出たのです。

このとき、私が考案した新規アポとり法をみんなで分担して始めたところ、次々に優良顧客をゲット！

見事なV字回復を成し遂げました。

新規のアポイントがとれるたびに、その情報をみんなで共有し合い、さらには新規注文が入ると、みんなで喜び合いました。

皮肉なことに、私が一生懸命コミュニケーションをとろうとしていたときは空振りばかりだったのに、とくにリーダーシップを発揮しようとしない、すなわち **「素の自分」** で接するようにしたとたん、チームに一体感ができあがっていったのです。

まさに「災い転じて福となす」と思えた出来事でした。

point 03

「素の自分」で臨んだほうがうまくいく！

04

内向型には内向型ならではのリーダー像がある

●リーダーには決まった型などない

いずれにしても、この出来事をきっかけに、私の会社は生き返りました。

業績はもちろんですが、チームに命が宿ったのです。

オフィスの雰囲気もよくなりました。メンバーとの会話も増えて、私も社内にいること に苦痛を感じなくなっていました。

それはトラブルがあった一時期のことかと思いきや、その後もずっと続いたのです。

かつてさんざん私を悩ませていたストレスも激減しました。

「どうしてうまくいったのだろう？」

私は、あらためて振り返ってみました。

そこで気がついたのは、トラブルの最中は「メンバーに対して自分をどのように見せようか」とか、「どんな態度をとるべきか」などといったことはいっさい考えていなかった、ということです。

「リーダーとはかくあるべき」という、本で読んだ内容が完全に頭から消えていたのです。

私は、ただ「素の自分」のままでメンバーと接していただけでした。


ポツリポツリとした話し方のまま。

無表情で抑揚のない態度で淡々としたまま。

面白いことをいって笑わせようなどとは、いっさい考えないまま。


内向型である自分の特徴を隠そうとせず、むしろ**「自分が一番自然でいられる状態」**に戻しただけです。

そして、結果としてそれが正解だったのです。

それまでの私は、メンバーに対して自ら見えない壁をつくっていました。

自分を「優秀なリーダー」に見せようとして、ムリして格好をつけて、その結果、自分を偽った姿でメンバーと接しようとしていたのです。

そんな私の稚拙な演技を、メンバーは見透かしていました。

このことから、私はリーダーにとって大切なのは、見かけやテクニックではなく、「人としてどう接するか」なのだということに気づきました。

さらには、**「そもそもリーダーに決まった型などないのではないか」**と思うようにさえなったのです。

●既存のリーダー像に振り回されるな

面白いもので、1つ糸口が見つかると、ほかの部分も次々と見えるようになっていきます。

具体的には、リーダーとしてふさわしいとされてきたことに1つずつ疑問をぶつけていったのですが、そうすることで自分が歩むべき別の道が明らかになってきたのです。

かつての私は、既存のリーダーのイメージに振り回されて、自分にムリをしたためにストレスをたくさん抱え込み、結局空回りしていました。

あのままだったら、「自分はリーダーには向いていないんだ」と自分を責めて辞めていたに違いありません。

なかには、私と同じように既存のリーダー像に飲み込まれて挫折しかけている人がいることでしょう。

そのような人に、ぜひ伝えたいことがあります。

内向型には内向型ならではのリーダー像がある、ということを。

内向型でもできる、いやむしろ内向型リーダーにしかできない優れた部分がたくさん存在するということを、知ってほしいのです。

具体的には次の第1章で、内向型リーダーの「長所」について解説します。「まじめさ」「慎重さ」「冷静さ」など、あなたがすでにもっている長所をそのまま活かせる部分は、じつはたくさんあるのだということを、ぜひ再確認してください。

そして第2章以降を読み進めていくうちに、あなたが優れたリーダーになるために必要なことは、案外少ないことに気づくはずです。

なぜなら、リーダーとして最低限のものは、すでにあなたのなかにあるからです。

さらに、この本を読み終えた頃には、あなたはこう思っているはずです。

「内向型は、むしろリーダーに向いている」と。

さあ、いよいよ本論に入ります。楽しみに読み進めていってください。

point 04

内向型にしかない優れた部分を活かそう

column:01

月に1回のごほうび

私が経営していたデザイン会社では月刊誌の仕事をしていたので、毎月納品がありました。

その納品日の数日前が忙しさのピークで、担当スタッフたちは徹夜状態で頑張っています。

そして、納品当日もまだ気が抜けません。

スタッフと一緒にノートパソコンを持参して先方に行き、そこで最終チェックをするのです。行くと先方の編集者たちが会議室で手ぐすねを引いて待っていて、全員でミスがないかを探します。

そして、そこでミスが見つかると、パソコンを開いてデータを修正するのです。大きな修正が入ったりすると大変な作業になるし、もちろんそこでのミスは許されません。

私たちはいつも緊張していました。

約1時間をかけてのチェックと修正がすべて終わると、ようやく解放されます。

先方の会社を出てから駅に向かう途中で、私たちはいつもうなぎ屋さんに寄ることにしていました。

そこで特上のうな重を食べるのが、毎月の恒例でした。

大きな仕事を終えたあとの、自分たちへのごほうびです。

もちろん、頑張ってくれたスタッフへの慰労と「来月もよろしく」という意味を込めて。

ほめたりねぎらいの言葉を直接かけるのは苦手でしたが、「お疲れさま」といっておいしいものを一緒に食べるだけで、その気持ちは伝わっていたと思います。

第1章

内向型リーダーにはこれだけの長所がある

――ちょっと視点を変えるだけでマイナスがプラスに！

05 ズバリ、内向型はこんなにリーダーに向いている

●内向型がもっている5つの特徴

内向型のほうがリーダーに向いている——。

まだあなたは半信半疑かもしれませんが、実際のところ、内向型の人はリーダーとしての**「長所」**をたくさんもっています。

そこで、この章ではそれを具体的に見ていきたいと思うのですが、その前に質問です。

そもそもあなたは内向型ですか？

この本を手にとっているからには、おそらくその傾向があるとは思いますが、ひとくちに内向型といっても、人によっていろいろな解釈があります。

そこで、まず内向型の特徴について整理しておくことにします。

□明るくて陽気ということではないが、まじめに取り組む姿勢がある

□話がうまくて盛り上げるのが上手というわけではないが、聞くことは得意
□即断即決が苦手で、何をするにも慎重
□全体を引っ張っていく統率力は欠けているが、個々へ対応する力には長けている
□あまりポジティブ思考ではないが、細かいところにまで目が行き届く

これは、私がいままでに見てきた内向型の人の特徴トップ5を並べたものです。

もちろん、まだほかにもありますが、代表的なものといえば、ほぼこれでカバーできると考えています。

さて、あなたはいくつ当てはまりましたか？

ちなみに私は全部です。

この5つを見ると、最初は「えっ、これってリーダーにとってはマイナスになることじゃないの？」と思われるかもしれませんが、そんなことはありません。

これらはすべて、リーダーとしての仕事にうってつけのものなのです。

一般的に内向型の人はとかく自分のことを過小評価する傾向があります。

マイナス面ばかりが目について、「自分はリーダーには向いていない」と思ってしまう人がとても多いというのが私の実感です（もちろん、私自身もそうでした）。

でも、それは自らの本当の価値に気づいていないだけ。

じつにもったいないことだといわざるを得ません。

●プラスとマイナスは表裏一体

もしかしたら、あなたは優れたリーダーにはこんなものが必要だと思っていませんか？

- ●明るくて陽気な性格
- ●話がうまく盛り上げるのが得意
- ●即断即決できる
- ●全体を引っ張る統率力がある
- ●根がポジティブ思考である

すでにお気づきかと思いますが、これらは先に「内向型の5つの特徴」のそれぞれ前半部分で、「内向型があまりもち合わせていない性質」だとしてとりあげたものです。

たしかにこれらはリーダーに必要なものであると多くのリーダー本にも書いてあります。

それには私も異論はありません。

実際、過去に出会ってきたリーダーも、これらの特徴を備えていましたから。

しかし、これらは単に表面的なことにすぎません。

明るくて陽気な人が、すべてリーダーに向いているとはかぎりませんし、話がうまいからといって、リーダーとして優れているかというと、そんなこともないのです。

ポジティブ思考ですぐに即決してしまうリーダーをもつ部下は、いつも失敗の尻拭いをさせられているかもしれません。

つまり、やり方によっては一見、プラスに思えるようなこともマイナスになるし、マイナスに思えるようなこともプラスになる、ということなのです。

では、なぜ先の5つの特徴が長所だといえるのか？

さっそく具体的に説明したいところなのですが、その前に、これらの特徴を最大限に活かすうえで大前提となることについて、次の節でお話ししたいと思います。

point 05

あなたは自分の本当の価値に気づいていない

06 あなたがゴールへたどりつく道はいくらでもある

それでもあなたはムリをしますか？

内向型であるあなたがリーダーとしてやっていくためにまず知っておいてほしいこと。

さっそく見ていくことにしましょう。

私は現在、内向型で売れずに悩んでいる人向けに、営業を教える仕事をしているのですが、セミナーなどでよくいうセリフがあります。

「売れている人のまねをしたところで、だれもが売れるとはかぎりません」

なぜなら、その人のやり方が必ずしも自分にも合っているとはかぎらないからです。

そして、それと同じことがリーダーにもいえます。

だれかがうまくいった方法が、必ずしもあなたに当てはまるわけではありません。

リーダーになったからといって、他人のつくった道を歩かなければいけないという決まりはないのです。

序章でもお話ししたように、私もはじめのうちは、不慣れな「明るく陽気」な振る舞いや「上手なしゃべり」ができなければいけないと思い込んでいました。

でも、それまでの人生のなかでそれほど重要視してこなかったことを、ゼロから身につけていこうとすると、大変な労力がかかります。

まさに目の前に立ちはだかる巨大な壁を乗り越えていこうとする心境です。

それを登るためには、技術と知識を習得して、専用の道具を揃え、体力を養って、何度も練習を繰り返してから実戦に臨むという具合に膨大な時間が必要になるでしょう。

しかし、リーダーとして日々、仕事を回していく立場上、そんな悠長なことは許されません。部下は待ってくれませんし、仕事もどんどん流れていきます。

イヤでもリーダーとして機能していく必要があるのです。

通過点とゴールをはき違えるな

ここで、「リーダーにとってのゴール」をあらためて考えてみましょう。

結論からいうと、この本で定義するリーダーのゴールとは、ズバリ**「求められた結果を出す」**ことです。

営業なら売上目標を達成することですし、他の部署でもそれぞれの目標を達成することが何より大切です。

そして、乱暴な言い方をすると、そのゴールにたどりつくためには、どんなルートを通ってもいいのです。目の前に立ちはだかっている壁を避けていくのもありなのです。

かつての私もそうでしたが、リーダーになるとどうしても既存のリーダー像にばかり気をとられがちになります。

自分とは縁遠い理想の姿を、星を見るように眺めている。

「そうならなくてはならない」と思い込んで、自分を追いつめてしまう。

そんな状態では、いつも目が血走っていて、仕事を楽しむ余裕すらなくなります。

多くの人が勘違いしているのですが、リーダーが最終的に目指すべきことは、みんなの先頭に立って走ることでもなければ、楽しい雰囲気づくりをすることでもありません。

それは、単なる通過点であってゴールではないのです。

リーダーのゴールとは、自分に与えられた仕事の結果を出すこと――。

これ以外の何ものでもありません。

その意味でも、リーダーは自分に一番適したルートで、このゴールに向かうことだけを考えればいいのです。

- 明るく陽気な性格になろうとする代わりに◯◯になる！
- 上手にしゃべろうとするのではなく◯◯のままでいい！
- 即決することよりも◯◯に価値がある！
- みんなを引っ張るのはやめて◯◯を意識する！
- ムリにポジティブ思考をしようとしないで◯◯を活かす！

など、内向型のあなたにピッタリの道を選べば、じつはそれほど苦労しなくてもゴールにたどりつくことができます。

さあ、いかがでしょう？　何だかやる気が出てきませんか？

それでは次の節から、「内向型の５つの特徴」の活かし方を具体的に見ていきましょう。

point 06

あなたにピッタリの道は必ずある

07

「まじめな上司」と「面白い上司」、あなたならどちらを選ぶ？

●なんと一番向いていない私が班長に！

私が生まれて初めて「○○長」というものになったのは、小学6年生のときでした。朝、集団登校するときの班長に任命されたのです。

正直にいって、かなり驚きました。

私の班の6年生は全部で9人いましたが、私は人気者でもなく、おとなしくてまじめなだけのタイプだったので、班長には一番適していないと思っていたからです。

決め方は班全員による投票でした。ちなみに私は別の人に投票していました。

この結果を見たときに、最初は「やらせ」かなと思いました。みんなで面白半分に一番ふさわしくない人に投票したのではないかと。でも、そうではなかったのです。

下級生からの票が集まった結果でした。

あのときは子どもながらに、「リーダーっぽい人じゃなくてもリーダーに選ばれることがあるんだ」と思ったものです。

ところで、あなたは自分が部下になるときに、上司を自由に選べるとしたらどうしますか？

1人はまじめな上司、そしてもう1人は面白い上司です。

遊びの集まりなら面白い人のほうを選ぶかもしれませんが、仕事と考えると間違いなくまじめな人を選ぶと思います。

会社で働くという行為は、自分の生活基盤を支えるうえでなくてはならないものです。ある意味で人生を託しているともいえるでしょう。

そこで自分の上司を選ぶとしたら、やはり確実性の高い人のほうがいいですよね。

と同時に、社長が部下としてリーダーを選ぶ基準も、やはり同じです。

ユニークなアイデアを出す人も魅力的ではありますが、大事な仕事をミスなくこなしてもらうには、まじめな人にリーダーをやってもらいたいと考えるのが普通ですよね。

もちろん職場は楽しいほうがいいでしょうが、その前提としてふだんの仕事が安定している必要があるのです。

その意味でも、根っからのまじめさをもっている内向型は、リーダーに向いているといえるでしょう。

●ある内向型の上司に起きた悲劇

ところが、まじめな人であればあるほど、自分のまじめさにコンプレックスをもっていたりするもの。

つまらない人だとか地味な人だと思われることに辛さを感じてしまうのです。

「リーダーとしては明るい性格のほうがいい」と考えがちになるのもよくわかります。

しかし、その考えが悪い事態を引き起こすケースもあるのです。

私のかつての上司で、本当は内向的な性格であるのにもかかわらず、ムリして明るく振る舞っている人がいました。朝礼などでも一生懸命にみんなを笑わせようとしていました。でも、私にはそれが見え見えで、その姿はかえって痛ましく映っていたのですが、そんな彼がある日突然、体調不良で入院してしまったのです。

ストレス性の胃炎です。

よっぽどストレスをため込んでいたのでしょう。

その後、会社に復帰することなく退職しました。

彼も以前の私と同様、リーダーとして何が大切なのかを勘違いしていたのですね。

本来のまじめな部分を隠して、職場の雰囲気を明るくすることを重要視してしまった結果です。

このように本末転倒なことにならないようにするためにも、ムリな振る舞いはやめて、堂々とまじめな自分でいるようにしましょう。

ちなみに私は、どんなに小さなことでも不正やズルイ行為をしないようにしています。人として当たり前のことではありますが、だれも見ていないときや、絶対にバレないことでも、それが不正なことならいっさいやりません。それは部下の前でも徹底していました。

ときには「まじめすぎる」といわれることもありますが、そのまじめさこそが私の武器なのです。

結果として、部下からの信頼も揺るぎないものになりました。

まじめで真摯な姿こそ、リーダーにふさわしいのです。

point 07

自分を偽って明るく振る舞うのはやめよう

08

「口下手」「話し下手」だからこそ部下の心がつかめる

●これぞ、まさに内向型の真骨頂

よく**「内向型には聞き上手が多い」**という話を耳にします。

これは、しゃべることが苦手なぶんだけ、人の話を聞くのが習性になっているからだと私は考えています。

一般的には、他人の話を聞き続けるということには辛抱がいるもの。

そして我慢できなくなると話をさえぎったり、自分の話に転換したりし始めます。

でも、そうすると今度は、逆に相手を不快にさせてしまいます。

その点、内向型の人は、もともと人の話を聞くことが苦になりません。それどころか、むしろどんどん相手にしゃべってもらいたいと思っています。

この習性を活かさない手はありませんよね。

はっきりいいましょう。

リーダーとして優れているといえるのは、話し上手ではなく「聞き上手」です。

人は自分の話をじっくりと聞いてくれる相手に対して信頼を寄せます。自分のことを受け入れてくれていると感じるからです。

部下の立場になってみましょう。

A上司は、口が達者で話もうまいのですが、どうしても話が長くなるクセがあります。話が長いと途中で質問もしづらいですし、あいづちすら打てません。ただ一方的に話を聞かされるだけなので、聞き終わったあとはもうグッタリです。

かたやB上司は、口下手です。あまり多くを語りません。でも、その一方でこちらの話を真剣に聞いてくれます。上司がきちんと話を聞いてくれると、とても安心できますよね。

さあ、いかがでしょう？

あなたなら、どちらの上司を選びますか？

そう、部下の心をつかむのは、聞き上手の上司なのです。

●なぜ、トップ営業ほど「聞き上手」なのか？

さて、この聞くという行為ですが、じつはそう簡単なことではないようなのです。

普通の人はどうしても自分もしゃべりたくなるようで、聞くのもそこそこに自分の話をし始めがちなのです。

正直にいうと、私にはその感覚がわかりません。

私たち内向型人間は、子どもの頃から「人の話を聞く」ということに慣れています。

だから、会話のほとんどを相手がしゃべっていても全然気にならないのです（逆に、おしゃべりの人にはこの感覚がわからないようですが）。

もちろん、それが自然体なので、ストレスもありません。

おまけに、相手は心おきなくしゃべれることで、気分もよくなります。そして自分を気分よくしてくれる相手に対して心を許し、信頼を寄せます。

このことは、営業シーンでも実証ずみです。

これは私の体験から自信をもっていえるのですが、営業は営業マンがしゃべるよりも、お客さまに話してもらったほうが売れるのです。

実際、私の知るかぎり、トップ営業といわれる人のほとんどすべてが「聞き上手」だといっても過言ではありません。

そんな効果のある「聞く」という行為。

これを苦もなくできるのが内向型なのです。

無口で口下手、それでいいではないですか。

他社との打ち合わせに部下と同行した席でも、会話のメインを部下に譲って、あなたは黙って見守っていましょう。

たまに横から口出しをして部下の手柄を横取りしてしまう上司がいますが、それでは部下からの信頼など得られるわけがありません。

チーム内でのミーティングでも、部下たちの話にじっと耳を傾けていましょう。

どうしても伝えなければならないこと以外、ムリしてしゃべる必要はないのです。

むしろ、そのほうが部下たちからの意見も活発に出ることになって一石二鳥です。

人の話を黙って聞ける——。

内向型なら当たり前のことが、リーダーにとっては必須のスキルなのです。

point 08

黙って話を聞けるのが優れたリーダー

09 リーダーは臆病な性格でなければならない

●こんなことではリーダー失格

「課長、どうしますか？　いま決めないと、この話は流れてしまいますよ」

「……」

「どうなんですか、早く決めてください！」


こんなふうに部下から責め立てられたら困りますよね。

でも、ご安心ください。

こんなシーンが出てくるのはドラマのなかだけです。

そもそも、たとえどんなに魅力的な話であったとしても、「本当に大丈夫なのか？」「何か見過ごしているものはないのか？」「リスクはどのくらいあるのか？」などをじっくりと吟味してから決めるのがリーダーの役割です。

逆に何でも即決してしまうようなリーダーは、うまくいけばチャンスを手に入れられるかもしれませんが、大きな失敗をするリスクも抱えることになります。

即決することを優先してチームや会社を危険にさらすようでは、それこそリーダー失格です。

「ビジネスでは失敗を恐れるな」とよくいわれたりしていますが、私は**「リーダーはつねに失敗を恐れていなければならない」**と考えています。

とり返しのつかない失敗は、メンバーだけでなく、その家族にまで損害を与えてしまうことにもなりかねないからです。

その点、内向型人間は病的なくらいに失敗を恐れる性格。

逆にいえば、慎重にものごとを運ぶという優れた習性があります。

そう、臆病というのは、リーダーにとってプラスの要素にもなるのです。

しかしながら、そんな自分の性格をよく思っていないというのも、内向型の特徴ですよね。臆病で慎重な性格というのは、やはり格好が悪いと思うからです。

たしかに私生活においては、優柔不断な態度はマイナスイメージになるでしょう。

大胆に決断できる人に憧れる気持ちもわかります。

ただ、ビジネスの場でのリーダーにおいては、臆病であることがプラスに作用することのほうが多いのです。

あなたには、まずこのことを肝に銘じておいていただきたいと思います。

●派手さこそないけれど……

臆病であることのメリットは、ほかにもあります。

まず、何ごとにも慎重な性格というのは、大きな信頼につながります。

社運をかけた大きなプロジェクトを任されるのもこのタイプです。何しろ、失敗はできないですからね。

また、確実性の高い仕事っぷりは、外部のクライアントなどからの信頼をも生み出します。

そしてじっくり吟味してから下した決断は、とても重要視されるでしょう。

もちろん、やっていることは地味だったりするので、派手なパフォーマンスをする人に比べたら見劣りするかもしれません。

それでも、見ている人はきちんと見ています。

あなたが、慎重にものごとを進めるタイプだということを。

毎打席ホームラン狙いでバットを振り回すのではなく、じっくりと球筋を見極めて、フォアボールで出塁する――。

そんなリーダーのほうが、最終的には結果を出すことができるのです。

なお、慎重さというのは、そんなに簡単に身につくものではありません。

「もっと慎重にやらなきゃ」と思ってはいても、できない人にはできないのです。

その慎重さをもともと備えている内向型は、ある意味では特殊技能をもった人種なのかもしれません。

いずれにしても、その力を隠すことなく発揮することが、内向型リーダーの使命だと私は考えています。

point 09

ビジネスでは臆病、慎重な性格が大きなアドバンテージになる

10 人の気持ちに敏感だから個々への対応が得意

●これができなければ部下は育たない

人に対するやさしさというのは、人間として大きな魅力的要素ですよね。

内向型も、人に対してやさしいという面をもっています。

でも、それは「人に対して強く出られないから」というのが本当のところです。

とかく人から嫌われたり、変に思われたり、軽蔑されたりすることが耐えられない性質をもっているのが内向型人間。

したがって、極力そうならないように、ふだんから気を使って生きています。

とくに「人の気持ち」や「個性」に対する関心度が、とても高いのが特徴です。

リーダーは、仕事できちんと成果を出すことが最大の役割ですが、それと同じくらいに大切なのが部下を育てることです。

人は教科書だけを与えても、同じようには成長しません。

個々の能力やスキルに合わせた育成をしないと、すぐに成長が止まってしまいます。

その点、内向型人間というのは、日頃からの人間観察をほぼ無意識レベルで行っているので、とくに苦労もせずに**「相手の個性に合わせた対応がしやすい」**という利点をもっています。

あなたも、こんな経験はありませんか？

学校でも会社でもいいのですが、新しい集団のなかに入っていくときに、瞬時にメンバーを見渡して、個々の人の特性を見極めようとしてしまったこと。

ちなみに私の場合、要注意人物やリーダー的存在の人などをすばやく探し出すことが得意でした。

そして、それはほぼ当たっていました。

もともとは、人に対して臆病な感情がそうさせているのですが、そうした習性こそが部下をまとめる際には大きな役割を果たすのです。

●あなたも「太陽型リーダー」を目指そう

以上のように、内向型人間というのは個々に合った対応ができるという長所をもっているのですが、その反面、部下をグイグイと引っ張っていくような統率力が弱いのも事実です。

そもそも人に対して強く出ることが苦手なので、旗を振って先頭に立って、自分の行く方向にみんなを連れていくようなまねはできません。

でも、その代わり、みんなが行きたい方向に、後ろで見守りながら導いていくという能力には長けています。

何も全員が足並み揃えて同じ行動をしなくてもいいのです。

ゴールさえ決めておけば、あとはそれぞれ自分の歩きやすい方法で行けばＯＫ。

チームよりも、まずは個人を優先させること。

「北風と太陽」という童話があります。

旅人の服をどちらが先に脱がすかを、北風と太陽が競争する話です。

北風が風で服を飛ばそうとしたのに対し、太陽は暖かさで服を自分で脱いでもらおうとしました。

目的は同じであっても、その目的をかなえる手段はそれぞれ違うという例です。

結果は太陽の勝ち。

強引に攻めるのではなく、やさしくアプローチをして自主的に行動させることでムリなく結果を出しました。

内向型リーダーが部下に接する際も、この話が参考になります。

決してムリをせず、個々が自然に行動してくれるように働きかける――。

それができるのも、それぞれの部下の特徴や考え方を熟知しているからです。

そう、内向型特有の「人に対する観察眼の鋭さ」は、リーダーとして部下へ対応するうえで大きな武器になるのです。

point 10

強力な統率力などなくても大丈夫

11 「細かすぎる」といわれる習性も、こうすればプラスに活かせる！

●この性格のおかげで企画の完成度がアップ！

ちょっとしたことにも敏感に反応してしまう神経質な性格。

小さなことでクヨクヨして、人に軽く注意されただけでも落ち込んでしまう繊細さ。

私は、この自分の性格をずっと嫌っていました。

だから、「心臓に毛が生えている」といわれるような、図太い人間に憧れていました。

でも、こればかりは、どうしようもありません。

気にしないようにしようとしても、勝手に気になってしまうのですからね。

これはいまでもそうなのですが、だれかと一緒にいるときでも、その人の言葉や態度、表情などを無意識に観察してしまいます。

「退屈そうにしていないか」

「何かいいたいことがあるんじゃないか」

相手の心のうちを絶えずチェックしてしまうのです。

でも、そんな性格が役に立ったこともあります。

会社でミーティングをしていたときのこと。

ある企画について採決をとるために意見を出し合っていました。

おおむね意見が出揃い、その企画を進めるという方向で決まりかけたとき、私は1人の部下が気になっていました。

どうも何かいいよどんでいるように見えたからです。

彼は内気な性格で、あまり会議でも発言をしないタイプ。

そこで私は、彼に話を振ってみました。

「何か意見がありそうだね」

すると彼はハッとした顔をして、しばらくためらってからボソボソと話し始めました。

その内容は、まさにその企画の盲点を指摘したもので、うっかり見過ごしていた個所だったのです。

おかげで、企画の完成度がさらに上がりました。

このときに、もし私があまり細かいことを気にしないタイプだったとしたら、あの内気な彼の表情などに気づいたりはしなかったでしょう。

これができたのは、まさに私が内向型だったからこそ。

つまり、部下やまわりの環境変化に気づきやすいというのは、リーダーとして優れた資質なのです。

無意識に人を傷つける人には理由がある

何ごともいい方向に考えがちなポジティブ思考の人は、ときにまわりから浮いた存在になります。

以前、私があるセミナーに参加したときのこと。

講師の何気ないひと言に私は違和感を覚えました。

「自分のことを嫌いな人はいないですよね……」

その前後のセリフは忘れましたが、この部分だけははっきりと覚えています。

「いや、そんなことはないでしょう。自分を嫌いな人はたくさんいると思いますよ」

私は、心のなかでそう反論していました。

もし、この講師がリーダーで、部下の前でこのような発言をしたら、おそらく私のように反発する人が出てくることでしょう。

別にこのセリフにかぎったことではありません。

不用意な発言で人を傷つけたり反感を買うタイプの人をたまに見かけますが、そもそも気づいていないのですね。

もちろん、かくいう私自身、気づかずに人を傷つけていたこともあるでしょう。

それでも、その数は圧倒的に少ないほうだと思います。


なぜなら、神経質な性格だからです。


内向型は、神経質であるがゆえに部下の細かな変化や心情の動きをしっかりと見ることを得意としています。

個々の気持ちをきちんと救ってあげることができるのです。

その結果、部下との関係が良好になり、仕事にもいい影響を与えてくれます。

部下がリーダーに求めているものは、大胆よりも繊細、ポジティブよりもネガティブな部分であるケースも多々あるのです。

point 11

神経質な性格は決してマイナスではない

column:02

パソコンのことなら彼に聞け！

とてもおとなしい性格のメンバーがいました。いつも１人で黙々と作業をこなしています。まわりのメンバーともほとんど話をしません。どこか話しかけづらい雰囲気があるのですね。

リーダーである私も、とくに用事がないかぎり、話しかけることはありませんでした。

そんな彼が、ある日、電話で話しているのを聞いて驚いたことがあります。

どこかのメーカーに問い合わせをしているようなのですが、ものすごくスムーズにしゃべっているのです。

どうやら仕事で使っているパソコンのパーツについての確認らしく、次々に専門的な質問をしていました。

「そういうのに詳しいの？」

私は電話を終えた彼に、そう話しかけてみました。

すると、ちょっと恥ずかしそうに、「ええ、まあ」と彼は答えました。

聞くと、パソコンを自作できるほど詳しいのだということ。

それ以来、私はパソコンの調子が悪いときや、新しいアプリケーションの導入を検討するときには、真っ先に彼に聞くようになりました。

そのうちにまわりのメンバーたちも、パソコンのことは彼に聞くようになりました。

つまり、メンバーのなかで「専門家」になることで、彼は自分のポジションを見つけることができたのです。

「○○のことならアイツに聞け」というように、メンバーそれぞれの専門性を引き出してあげると、チームの雰囲気もよりよくなりますよ。

第2章

こうするだけで部下との人間関係はグンとラクになる

――コミュニケーションの悩みはこれで解決！

12 部下とのコミュニケーションにストレスを感じているあなたへ

●内向型リーダー最大の悩みとは?

前章では、内向型リーダーならではの長所についてお話ししました。

一般的にいわれているようなリーダーになろうとしなくてもいいので、気持ちが少し軽くなったかもしれませんね。

ただ、そうはいっても内向型リーダーにはまだまだ悩ましいことがあります。

なかでも**「部下とのコミュニケーション」**は大きな課題だといえるでしょう。

最初にことわっておきますが、私は決して偉そうにリーダーと部下の人間関係のあり方を語れる人間ではありません。

人づきあい自体が大の苦手なのに、同じ会社で、しかも上司と部下の関係という、とてもデリケートなことを完璧にこなしていたかというと、おそらくNOです。

当然ながら、最初のうちは手探り状態でした。

でも、そのうちにいくつかのコツをつかむようになってから、徐々にうまくできるようになりました。

したがって、この章でご紹介するものは、すべて私の体験による、内向型ならではのものであるという視点で読み進めていってください。

さて、序章でもお話ししたように、私が初めて部下をもったのはデザイン会社を立ち上げた頃のことです。

それまでは私1人でやっていたのですが、仕事量が増えたため、アシスタントとして1人雇うことになりました。

部下が出勤してくる初日は、おそらく私のほうが緊張していたのではないかと思います。

フレンドリーな上司として接したほうがいいのか？

それとも、きちんと上下関係を明確にして威厳をもったほうがいいのか？

初日は歓迎会みたいなことをやるべきか？

などなど、悩み始めたらきりがありません。

本当に小さなことですが、最初はお昼ご飯を誘うべきかどうかでも悩みました。

上司の誘いは断りにくいだろうから、おそらく誘えば来るだろうけど、それが迷惑にならないだろうか？

それに行くとしたらどんな店がいいのかな？　あまり高い店だと、もしもお金がないときは困るだろうし、それに加えて毎回おごることになると、こっちがきつい。

さて、どうしたものか。

さらに、メンバーが増えてくると、今度はいろいろなタイプの人を相手にすることになります。社交的な人もいれば、内気な人もいます。年齢もキャリアもまちまち。

そんな人たちと、どうつきあえばいいのか？

内向型の私にとって、まさに次から次へと悩みが襲ってくる、といった状態でした。

●別に部下と仲よくならなくてもいい

さて、日々のコミュニケーションを具体的にどうとるかについては、次の節から順にお話ししていくとして、その前に2つだけ、コツをお伝えしておきますね。

1つは、ムリにリーダーっぽい振る舞いをしようとしないこと。

序章でも述べたことですが、それは部下とのコミュニケーションでも同じです。

とくに人づきあいにおいては、自分をごまかしたり格好をつけたりしてしまうと、瞬時に関係が崩れてしまいます。つまり、「素のままがいい」ということですね。

もう1つは、ムリに仲よくしようなどとは思わないことです。

コミュニケーションを円滑にしようと考えると、どうしても仲よくしなければならないと思いがちですが、そんなことはありません。

部下と友だちになりたいというのなら別ですが、あくまでもビジネス上でのつきあいということだったら、とくに親密になる必要などないのです。

いずれにしても、まずはこの2つのコツを頭にインプットしておいてから読み進めていただければと思います。

これだけでも、ストレスがずいぶん軽減されることは間違いありません。

point 12

まずは2つのコツを押さえておこう

13 朝の「ちょっとした習慣」で、その1日がラクになる

●あなたは、この雰囲気に耐えられますか？

私は、1日中だれともしゃべらなくても、それほど苦痛を感じない人間です（実際、内向型にはそんなタイプが多いと思います）。

したがって私がデザイン会社をやっていたときも、しいて社内でしゃべろうとは意識していませんでした。

朝、何となく出社して、机に向かい、パソコンを起動して、その日の作業を始める。

1人で仕事をしていたときからずっとそうしてきたので、メンバーが増えたときも同じパターンを繰り返していました。

リーダーである私が何もしゃべらなかったので、新しく入ったメンバーたちも、それにならっていました。

みんな黙々と仕事をしていたのです。

雑談する者もなく、パソコンをカタカタと操作する音のみがフロアに響いていました。

ところが、そのような毎日を続けているうちに私自身、いつしか必要なことがあってもメンバーに対して話しかけづらいと感じるようになってきたのです。

そこで、私はメンバーに対して、少しでも声をかけようと思いました。

まずは、朝、出社してきたときに、**「おはよう」**といってみることにしました。

そしてその際には、だれにともなくいうのではなく、すでに出社しているメンバー1人ひとりに対していうようにしたのです。

できるだけ私のほうから声をかけたかったので、出社時間もわざと始業時間ギリギリにしました。

ただそれだけのことでしたが、朝に1回でもお互いに意思を通じさせておくことには、思いのほかの効果があったのです。

午後から仕事の打ち合わせをするときでも、あいさつをしなかったときと比べて、とてもスムーズに話ができました。

いま振り返ってみると、朝の一瞬だけでも心を触れ合わせておくことで、その日1日のコミュニケーションをとるうえでの準備運動になっていたようです。

たかがあいさつなどといって、あなどってはいられないと思ったエピソードです。

●ここがあなたの正念場

さて、こうして朝のあいさつをするようになってから、徐々にではありますがメンバーたちとのコミュニケーションもよくなっていきました。

そこで私は、さらに一歩進めて、

「おはよう。○○さん」

というように名前とセットであいさつしてみたり、

「おはよう。昨日は遅くまでご苦労さまでした」

などの**「ひと言コメント」**を加えていくようにしてみました。

すると、さらにコミュニケーションがうまくとれるようになっていったのです。

「そんなの当たり前だよ。いつもやってるよ」

なかには、そう思われた方もいることでしょう。

ただそのときに、だれを見るでもなしにあいさつをしているようだとしたら、少々改善の余地があります。

ぜひ、相手の目を見てあいさつをするようにしてみてください。

内向型の性質としては、人の目を見て話をすることが苦手だったりしますが、それでもほんの一瞬くらいなら何とかできると思います。

ムリだと思っても、ここは1つ頑張ってやってみてください。

実際、あいさつというのは、とても便利な習慣です。

とくに用事がなくても話しかけることができるのですから。

私も、意識して社内であいさつをするようになってから、オフィスの空気が以前のような冷たい感じではなくなりました。体温がしっかりと感じられるようになったのです。

仕事の件で部下に話しかけるときも、妙な緊張感もなくスムーズにできるようになりました。

ポイントは、リーダーであるあなたが、先にあいさつをすることです。

部下との距離感がグンと縮まりますよ。

point 13

たかが「ひと声」、されど「ひと声」

14

「柔の接し方」で臨めば、部下からの信頼感がグンとアップ！

●「よかれ」と思ってしたことが空回り

とかく人に気を使いすぎてしまうのが内向型の特徴です。

そして、それは部下に対しても同じこと。

楽しく仕事をやってくれているだろうか？

何か不満はないだろうか？

上司の自分にいえずに悩んでいることはないか？

どんなにとり越し苦労といわれても、気になることは尽きません。

そういう性分なのですから、しかたがないのです。

とくに自分の言動で相手に不快な思いをさせてしまうことを、極端に嫌う傾向があるので、部下への接し方も慎重になりがちです。

私も、できるだけ嫌われないようにすることばかりを考えて接していました。

「この部分、ちょっと修正してくれないかな。あ、いやこれが間違っているわけじゃないんだけど、お客さんがこっちのほうがいいっていうから……。申しわけないけど頼むよ。ホント悪いね」

仕事の修正を指示するときにも、こんな感じでした。

でも、それが逆効果だったのです。

「この上司は自分に気を使ってばかりいる」と思われていて、「それが気になってしかたがなかった」とあとで伝え聞いたことがありました。

ショックでしたが、そんなことは当時の私にはわかりません。

できるだけ気持ちのいい職場にしたい、チームワークを大切にしたい。

そんな思いが空回りしていたのですね。

部下と心を通わせるにはコツがある

いずれにしても、私たち内向型のタイプは、人に対して強く出ることが苦手です。

いくらリーダーだからといって、部下に対して威厳と叱責で強制的に働かせるというような仕事のやり方はできないはずです。

あなたもきっと、剛よりも柔の接し方を選ぶでしょう。

では、柔の接し方とは、具体的にはどんなものなのでしょう?

柔の接し方というと、どうしても「仲よくなる必要がある」と思い込みがちです。

私もずっと勘違いしていて、たまに一緒に飲みに行ったり、お昼ご飯に一緒に行くことでコミュニケーションを図ろうとしていました。しかも、そういうことが大の苦手だったのにもかかわらず。

もちろん、そんな表面的なことだけで、仲よくなれるはずがありません。

ところが、ひょんなことがきっかけで、部下と心が通い合うようになれた出来事があったのです。

いつものように、部下と仕事の打ち合わせをしていたときのこと。

打ち合わせといっても、たいていは私からの指示を部下が聞くというのが通常でした。

ただそのときは、私の指示出しの準備ができていなかったので、部下と相談しながら仕事の内容を決める感じになりました。

そして、結果的にはそれがよかったのです。

「ここは青っぽい背景にして、タイトルの文字をもう少し大きくして……」

「青ですか、でもそうすると商品が目立たなくなりそうですけど」

「うん?　あ、そういえばそうだな。どうすればいいかなあ?」

「でしたら、商品のまわりだけ背景を少しぼかすのはどうでしょう」

「そうだね。じゃあそれで頼むよ」

ふだんなら、私から一方的に仕事の指示をして、それを部下が黙って聞いていることが多かったのですが、「指示」が**「相談」**に変わったことで積極的に意見を出してくれました。

そしてその後も、できるだけ「相談」するというスタンスで臨むようにした結果、部下との信頼関係はグンと深まるようになったのです。

そこで私は気づきました。

大切なのは、仕事でお互いに意見をいい合える関係を築くことで、それには部下に「相談」するというスタイルが非常に効果的なのだということに。

あなたも、ぜひ仕事の相談をし合うことで密につながる上司と部下の関係を目指してください。

point 14

スタンスを「指示」から「相談」に変えてみよう

15 部下のタイプに合わせてコミュニケーションを図ろう

●内向型なら、すでに準備はできている

人にはそれぞれ個性があるように、あなたの部下にもいろいろなタイプがいると思います。

明るく元気な外交型タイプや、私のような内向型タイプなど。

なかには、ちょっと扱いづらい人もいるかもしれませんね。

でも、ご安心ください。

第1章でもお話ししたように、そもそも内向型人間というのは、**「人の気持ちに敏感」**という特質をもっています。

つまり、そのぶんだけ**「相手の個性に合わせた対応がしやすい」**というわけです。

そこで、私がいままで対応してきた部下のなかでも、難しいタイプの人への対応例をあげてみることにします。

【無口で何を考えているのかわからないタイプ】

内向型のあなたなら、このような人の気持ちは理解できますよね。

このタイプは、会話をすること自体があまり得意ではない反面、黙っていたとしても、しっかりと人の話を聞いています。

また、無口だとはいっても、考えている時間が少し長いだけなのかもしれません。

ムリに答えを求めるのではなく、じっくりと相手の言葉を待つようにしましょう。

【とにかく話が長いタイプ】

基本的に自分が話すことが好きなので、まずは存分に話させるようにしましょう。

対抗して、「こちらもたくさんしゃべろう」などと考えてはいけません。

少々根気が必要になりますが、ひととおり話させると満足感が上がるので、そこでこちらのいいたいことを伝えるようにしましょう。

【自己完結タイプ】

何でも自分だけで完結したがるので、作業の途中で多少の疑問が起きても、それを確認せずに、まずは最後までやろうとします。

基本的にはまじめなタイプなので仕事はきちんとやりますが、終わってから間違えていたことに気づくケースもしばしば。

このタイプには、作業の途中でチェックをしたり、報告をさせるようにするといいでしょう。

【他者依存タイプ】

すぐに人に頼ろうとするタイプです。

小さな仕事でもいいので、まずは1人で完結させる経験を積ませることが大切です。そのうえで、それをきちんと評価してあげることで、少しずつ依存頻度を減らしましょう。

【自己中心タイプ】

まわりのメンバーから嫌われがちなタイプです。

グループ作業をやらせても、まわりに気を使わない振る舞いが目立ちます。

ただし、当人としては無意識でやっていることが多いので、指摘してもピンときません。
私は、できるだけ1人で完結できる仕事を任せるようにしていました。

【評論家タイプ】

何かにつけて口をはさんできて、反対意見も多いタイプ。

知識やデータは十分にもっているので、そこに現場感覚をプラスすれば、その話にも説得力が出てくるようになります。

できるだけ外に出して、実際に自分の目や耳で情報を得るようにさせましょう。

以上、ざっとですが、私なりのタイプ別対応法を見てきました。

ほかにも細かく分類するとたくさんのタイプがあるでしょうが、あなたも自分の観察眼を活用して、あなたなりのタイプ別対応法を見つけてみてください。

point 15

相手の気持ちに敏感な長所を活かそう

16

年上の部下に対して気を使わずに接する方法

●名前の呼び方だけでも悩みの種？

年上の部下にどう接すればいいのか？

逆の立場ではありましたが、私にはリクルートで一時期、年下の上司がいました。中途で入社する人も多かったので、それ自体はとくに珍しいことではありません。

彼は私より2歳年下でキャリアは5年、私も含めた部下6人を束ねるリーダーです。

私はチームの年長者でしたが、キャリア3カ月の新人でもありました。

ただ、他社での営業経験があったので、まったくの素人というわけでもないというのが、少々面倒なところです。

おそらくその年下のリーダーにとって、私は扱いづらい存在だったことでしょう。

彼はしきりに「自分のことを呼び捨てにしてくれ」といってきましたが、私は従わずにいつも「さんづけ」で呼んでいました。それが社会のルールだと思っていたからです。

お互いに声をかけるときも、どこか遠慮しがちで微妙な空気がいつも漂っていました。

結局、ギクシャクした関係のまま、それぞれ別の部署に異動になりました。

あのとき、私はどんな態度をとるべきだったのか？

そして彼は、私にどのように接するべきだったのか？

会社には、いろいろな人がいる以上、年上の部下というケースもあり得ることです。

そして、ここがポイントなのですが、一般的にいって内向型の人は根がまじめなので、年長者に対しては「格上」として接しないと落ち着かないという傾向があります。

いま思えば、先の年下のリーダーも内向型でした。内向型同士だからこそ遠慮し合ってしまい、お互いにいい関係を築けなかったのだと思います。

●このひと言をいえるかどうかが勝負の分かれめ

年上の部下に対して必要以上に気を使ってしまう内向型人間。

これを解決するには、１つの方法があります。

まず、あらためてあなたに認識しておいてほしいのが、「リーダーだからといって、人として偉いというわけではない」ということ。

リーダーは**「単なる役割」**です。

大勢の社員がいる場合、社長はすべての人に対して仕事の指示などをしきれるものではありません。当然、間に立つ人が必要になってきます。

そして、それがリーダーです。命令系統の一部といってもいいでしょう。

したがって、部下はリーダーをことさらに敬う義務もないし、リーダーにしても偉ぶる権利などないのです。

もし、あなたのもとに年上の部下が配属されてきたら、最初に合意を得ておきましょう。

「あなたと私は仕事上の役割が違うだけで、どちらかが偉いというわけではありません。もちろん、私は年長者としてのあなたを尊重していくつもりですが、仕事を効率よく回すためには、私の指示に従っていただくこともあります。その点は、ご理解ください」

もちろん、こんなに堅い言い方でなくてもかまいませんが、このように最初の段階でお互いの立場や役割を明確にしておけば、よけいな気遣いをしなくてすむようになります。

ただし、ここでネックになるのが、そもそも内向型はこのような意見をいうことを苦手としている、ということです。

でも、これを最初にいっておかないと、あとになってからではよけいにいいづらくなってしまいます。

気持ちはわかりますが、ここだけは頑張りましょう。

また、年上の部下がリーダーであるあなたに対して、みんなの前でタメ口をいったり名前を呼び捨てにするなどしたら、その部下は自分の役割が理解できていないと判断して、早めに注意しましょう。

「別に偉ぶるつもりはないのですが、みんなの手前もありますので、仕事の場ではお互いにさんづけ（もしくは役職）で呼ぶようにしたいのですが、よろしいでしょうか」

リーダーがある特定の部下にだけ気を使いすぎるというのも、まわりの空気を悪くする一因となります。

人として敬う気持ちを保ちながら、リーダーとしての役割を明確にしておく――。

そうすることで、あなたの態度に**「一貫性」**が生まれます。

そして、そんな姿をまわりの部下はよく見ているものなのです。

部下に対して筋を通さなければならないときは、少しだけ覚悟を決めて、しっかりと伝えるようにしましょう。

point 16

最初にお互いの立場や役割を明確にしておこう

17 ときには「格好悪い自分」を見せてみよう

●その虚勢、部下はとっくにお見通し

かつて私が売れない営業マンだった頃の話です。

当時の私は、「営業とは明るく元気でなければいけない」と思い込んでおり、素の自分の姿を隠して客先に行っていました。そして口下手だとバレないようにトークの練習を重ねて、顔の表情もできるだけ明るくしながら訪問していました。

でも、なかなか売れません。

そこで私は、さらにトークの練習に励み、鏡の前で延々と明るい表情をしてみるという毎日を繰り返したのですが、それでもまったく売れませんでした。

いまならわかります。

売れない原因は、私が虚勢を張っていたからなのだと。

自分を偽って近づいてくる営業マンに、心を許してくれるお客さまなどいません。

どんなに私がうまく演じたつもりでいても、毎日たくさんの営業マンの相手をしている百戦錬磨のお客さまから見たら、バレバレだったのです。

それは、上司と部下の関係でも同じです。

もしあなたが自分を隠して、部下の前で虚勢を張っているとしたら、それはおそらくバレているでしょう。どんなに鈍感な人でも、毎日顔を合わせていれば、「うちのリーダーは、何だかムリしているみたいだな」ということはわかるもの。

簡単にはだまされたりしません。


そう、虚勢を張るということは、人をだまそうとしているのと同じなのです。


自分を偽って接してくる人に対して、心を開いて受け入れることはできません。

むしろ身内だからこそ、よけいに反発されることでしょう。

いかがですか？

リーダーらしく振る舞おうとして、つい虚勢を張ってしまうことはありませんか？

残念なことに、それはかえってマイナスの効果を生んでいるのです。

●無意識に「上から目線」になっていませんか？

そもそも内向型の人は、リーダーっぽくありません。それにもかかわらず格好をつけてリーダーらしく振る舞おうとしたところで、うまくいくはずがないのです。

私みたいな内向型人間が、

「みんな！　今日も元気に頑張ろう！」

など通らない声で気張ってみても、「何か痛い上司」と思われてしまうのがオチです。

しかも、それをやっている自分自身が、ストレスを抱えまくってしまうことでしょう。

もう、格好よく見せようとするのはやめるべきです。

そもそもコミュニケーションの基本は、お互いに対等の立ち位置であることです。

どちらかが「上から目線」になっていては、円滑な関係は築けません。

格好よく見せたいという衝動は、自分を相手よりも上に置きたい気持ちの現れです。

それでは、心を許せるつきあいなど、できるはずがありませんよね。

たしかに、格好悪い自分を見せたくないという気持ちは、だれにでもあると思います。

ただ、本当に格好悪いのはどちらなのでしょう？

自分を偽って格好いいリーダーになっているつもりでも、その姿はまわりから見ると格好悪く映っていたりするものなのです。

それよりも、飾らないままでいたほうが、本質的には格好いいと思いませんか？

このことに気づいた私は、自分のマイナス面をあえて見せるようにしました。

「高校1年生のときの成績は学年でビリから4番めだった」

「小学校5年生のときに四谷怪談を観て以来、恐怖映画は観ないことにしている」

「20歳のときに彼女と海に行ったらおぼれてしまった」

そんな情けない話をときどき部下にしていました。

実際、そうして自分の立ち位置を下げたことで、コミュニケーションがスムーズになりましたし、何よりも自分自身がラクになりました。

虚勢を張らずに自分の立ち位置を下げてみる――。

その効果は、予想以上に大きいものなのです。

point 17

飾らないリーダーこそ格好いいリーダー

column:03

リーダーは部下に食事をおごるべきか?

上司が部下に食事などをおごるかどうかというのは、会社の風土によってまちまちです。

ちなみに私がリクルート時代に在籍していたチームでは、どんなときでもきれいに割り勘でした。それが当たり前の風土になっているので、だれも文句はいわないのです。

それはそれで賛否両論あるのでしょうが、いずれにしても「ルールとして決めておく」と、いちいちその場で悩まなくてすむのでラクです。

私の場合は、新人が入ってきたときの1回だけおごると決めていました。

「最初だけおごるけど、いつもは割り勘というのがウチのルールだから」と最初にことわっておけばいいのです。

これは別にお金をケチっているわけではありません。お勘定のときにどちらが払うかと、そのつど相手の腹を探ったりするのがムダだと思っていただけのことです。

もちろん、「上司は部下におごるもの」というルールにしてもいいでしょう。

いずれにしても、私の体験からいえるのは、上司と部下との間にある微妙な部分は、できるだけ明快にしておいたほうがお互いにラクだ、ということです。

第3章

このやり方なら自分にムリせず部下育成ができる

――内向型ならではの「ほめ方」「叱り方」「任せ方」

18 「部下育成」こそ内向型リーダーの得意分野

●その思い込み、捨ててしまいませんか？

リーダーには大切な仕事が2つあります。

まず1つめは、与えられた**「目標を達成」**すること。

あなたがリーダーに任命されたのは、あなたの個人としての技術や能力をメンバーに浸透させて、チーム全体で成果を出すことを期待されてのことです。

したがって、日々の業務はすべてこの目標に向けて行われることになります。

そして2つめは、目標を達成するうえでの大前提、すなわち**「部下を育成」**することです。

そもそも内向型人間は人とコミュニケーションをとることを苦手としているわけですから、人を育てるなど、さらに高い壁といっていいでしょう。

とくに「ほめる」「叱る」「任せる」などは、内向型でなくても難しいものです。

でも、苦手な人には苦手な人なりのやり方があるのでご安心ください。

ポイントとなる部分がいくつかありますので、それをこの章では解説していきます。

ただその前に、部下育成のための基本的なことをここでお話ししておきます。

そしてこの基本部分は、じつは内向型の得意分野でもあるのです。

内向型にあって外向型にないもの

最初に答えをいっておきましょう。

部下育成の基本的なこととは、「相手の立場で考える」ということです。


「なあんだ」という感じですよね。

「そんなことはふだんからやっているよ」という人も多いことでしょう。

でも、だからこそ内向型の得意分野なのです。

じつは、外交型の人というのは、この「相手の立場で考える」ことを苦手としています。

なぜなら、基本的に「自分がどう伝えるか?」に意識が向いているからです。あえて極端にいうと、「相手のことはおかまいなし」という感覚。

内向型の私たちには信じられませんが、そんな人が多いのです。

部下といえども、やはり生身の人間です。それぞれに感情をもち合わせています。

そして、その個々の感情に合わせて接することができるのが、内向型リーダーの強みなのです。

「彼は何だか機嫌が悪そうだから、そっとしておいてあげよう」

「あの人はずいぶん楽しそうに話をしているから、黙って聞いておこう」

「何かいいづらそうにしているけど、話がありそうだから、あとでそれとなく話しかけてみよう」

そんなふうに相手を思いやることは、あなたなら比較的容易なことですよね。

いま部下が上司に対して不満に感じていることで一番多いのは、「自分のことをちっともわかってくれない」ということだそうです。

「結果ばかり見て、こっちがどれだけ陰で頑張っているのかを評価してくれない」

「理由も聞かずに、頭ごなしに怒ってばかりいる」

「自分のいうことを少しも信用してくれない」

何となく想像がつきますよね。

当然のことですが、部下の気持ちがわからなければ、本当の意味での育成はできません。

そして、まさにこの「相手の立場で考える」という特性こそ内向型の強みなのです。

ただし、1つだけ課題があります。

部下の気持ちが理解できるところまではいいのですが、それを**「うまく伝えられない」**ということ。

そもそも内向型は自己表現が苦手なので、思っているだけで終わってしまうことが多いのです。

「おめでとう！　よく頑張ったな！」とほめたい気持ちはあるのですが、なかなか言葉や態度に表せない。これは、叱るときや注意するときも同様です。

心で思っているだけでは相手に通じません。

せっかく人の気持ちに敏感な特性をもっているのですから、それを部下育成に有効活用したいですよね。

では、どうすればいいのか？

そのコツを次の節から見ていくことにしましょう。

point 18

部下の気持ちがわからなければ、育てることなどできない

19 部下のミスを指摘する前にこれだけはやっておこう

●内向型はついやってしまうけれど……

「叱る」までいかなくても、部下に対して「注意する」「たしなめる」といったことは、あなたも日常的に行っていると思います。

失敗や損害を未然に防ぐためにも、業務のなかでのチェックや指摘は必要なことです。

とくに細かい部分にまで目が届いてしまう性質の内向型リーダーは、ちょっとした部下の行動に対してでも、あれもこれもと指摘したい気持ちが強いのではないでしょうか。

そして、どうしてもやりがちなのが、**「まず指摘から入ってしまう」**ということです。

「コピーを使い終わったら電源を切っておいてね」
「使ったファイルは元の場所に置いておくこと」
「外出するときは、行き先ボードにちゃんと書いておきなさい」

もちろん、いっていることは正しいでしょう。部下にもそれはわかっています。

でも、いくらやさしくいわれたとしても、いつも注意ばかりされていたら気分がよくありませんし、反感も覚えることでしょう。

「そんなことはわかっているよ。いつも細かいことでうるさいなあ」（部下の心の声）

そうなると、ふだんのコミュニケーションからギスギスしてしまいます。

それでも指摘はしておかないと、同じことを何度も繰り返してしまう——。

こんなとき、どうしたらいいのでしょうか？

●この流れなら部下も思わず納得

まず自覚しましょう。

内向型はマイナス面に意識が向きがちな性格だということを。

あなたも、相手の長所よりも短所のほうが目につきやすいということはありませんか？

私もそうなのですが、どうしても欠点ばかりに目がいってしまって、そこをまず注意したくなるのです。

すると、先ほどの例のように部下に反感をもたれてしまうというパターンに陥ってしまいます。

そこで、部下に何かを指摘したいときは**「最初にほめる」**ことを意識するようにしましょう。

「会議の資料をありがとう。助かったよ。あ、それからコピーの電源は切っておいてね」

「遅くまで残業ご苦労さま。ファイルは元のところに戻しておいてね」

「今日の商談、うまくいったそうじゃないか。おめでとう。あ、それと行き先ボードにはちゃんと書いておいてくれよ」

このように、同じ指摘をするにしても、仕事の成果や頑張りをまずほめるようにすれば、部下も素直に聞いてくれるようになります。

内向型は本来、人をほめたりおだてたりすることを苦手としていますが、こうして注意することとセットにすれば、素直にほめることもできるでしょう。

ぜひ、最初に注意したくなってしまう衝動を抑えて、**「一呼吸置き、部下のいい面を探すクセ」**をつけてください。

たとえば、プレゼン資料の作成を依頼したとき、仕上がってきた内容がまったく違っていた場合など、まずは文句をいいたくなることでしょう。

でも、そんなときでも、次のように話しかけてみるのです。

「ずいぶん頑張ったね。苦労したあとが見えるよ。ただ、内容はもう一度見直しが必要だな。ちょっとポイントがずれているようだね」

仕事の内容についてはほめようがないというときでも、「頑張り」や「苦労」をねぎらうことはできます。

たとえ相手が１００％悪いときでも、まず「ほめる」言葉をかけてから、間違いを指摘するように心がけてください。

お互いの信頼関係が深まり、仕事もスムーズに運びますよ。

point 19

「ほめる」→「指摘する」の流れで話してみよう

20 内向型ならではの視点が活きる「プロセスほめ」

●「部下にほめる部分がない」というあなたへ

やる気のない部下に対して、どう接したらやる気を出してもらえるか？

これは、多くのリーダーが抱えている悩みの1つです。

よくいわれるのが、「ほめてやる気を出させよう」というもの。

でも、内向型の人というのは、この「ほめる」という行為をどうも苦手としています。

あなたも、あからさまに人を喜ばせたり、のせたり、おだてたりするのが照れくさいため、うまくできなかったりしませんか？

そんなときに便利なのが、ここでご紹介する**「プロセスほめ」**です。

順を追って説明しましょう。

まず、部下をほめたいと思ったとき、どこをほめるかを探そうとするはずです。

何もないのに、単に「すごいね」などといっても、ほめたことにはなりませんからね。

一番ほめやすいのは、仕事の成果が上がったときでしょう。目標を達成したときや、目に見える成果物ができたときは、それをストレートにほめるのは比較的簡単です。

でも、ある一定の成果というのは、そう頻繁に出るものでもありませんよね。

それに「頑張っているのに成果に結びつかなかった」というときも多々あります。

そうなると、なかなかほめる機会がないというのが現状ではないでしょうか。

ほめたいけど、ほめられない——。

リーダーがやきもきしている間に、ほめてもらえない部下はますますやる気を失っていきます。

これでは、なかなか育成には結びつきません。

●結果だけにとらわれるな

そこで有効なのが、ほめるポイントを増やすこと。

そして、それがプロセス、つまり**「仕事の過程」**です。

私は、こんなふうにしていました。

「今日、行ってきたお客さんはどうだった？」

「ダメでした」

「そうか。いきさつを詳しく聞かせてくれる？」

「まずはじめに……、それから……、次に……、という感じで断られました」

「なるほど、最初のところでしっかりとお客さまのニーズが聞けている点は、よくできているね。その調子、その調子。そのあとのところがまだ弱いみたいだね。今度はそこを重点的にやってみるといいよ」

「わかりました！」

たとえ結果が出なかったとしても、それまでの過程を聞くことで、ほめるべきポイントを見つけることができます。

どんなに小さなことでもいいので、何かをほめるように心がけましょう。

ほかにも、

「いつも遅くまで残って頑張ってくれたね」

「しっかり見直しているから、本当にミスがないね」

「これだけの企画書をつくるのには、ずいぶん時間がかかっただろう」

このように、プロセスや陰で頑張っている姿をしっかりと見てあげて、それを評価する言葉を伝えるようにしてください。

細部のこだわりや目に見えない苦労などを上司がきちんと見てくれているというのは、部下にとっては何よりの励みになります。

内向型ならではの目配りや気配りがあれば、そう難しいことではありません。

それに、大々的にほめるというのではなく、**「小さな部分を軽くほめる」**という感じになるので、ほめることが苦手な人でも比較的やりやすいはずです。

ぜひ、部下の仕事を静かに見守ってあげてください。

そして、その過程での労をねぎらってください。

面白いことに、ほめるポイントを探すクセがついてくると、自然に部下のいいところが目につくようになってきます。

いずれにしてもプロセスをひと言ほめるだけで、「いつも君の仕事ぶりを見ているよ」ということが伝わり、その結果、部下は自然にやる気を出してくれます。

ぜひ、意識してやってみてください。

point 20

過程に注目すれば、ほめる部分はいくらでも見つかる

21

内向型だけに許される「セオリー無視の叱り方」

●あまりのキレ方に自分自身がビックリ!

私は、かつて1回だけ部下に対して激しく怒鳴ったことがあります。

激昂といってもいいでしょう。完全に頭に血が上って、我を忘れてしまいました。

いつもなら冷静に理論だてて諭すのですが、このときばかりは自分でも感情のコントロールができずに、支離滅裂な言葉でわめきました。

まわりの社員もそうですが、叱られている当人もどん引きしていたとあとで聞きました。

恥ずかしい経験です。

あなたは、もちろんそんなことはしないでしょう。

そもそも内向型は、人を叱ったり怒鳴りつけたりすることがほとんどありません。

人を傷つけるのが怖いので、厳しい態度がとれないのです。

少しくらい腹が立っても、たいていは心にしまって表に出さないようにします。

でも、これがくせもので、我慢の限界を超えたときには一気に噴火してしまうことも。

ふだんから怒ることに慣れていない、つまり怒り方を知らないために、先の私のようになってしまうのです。

さて、とり乱すほどに感情を出してしまったそのときの私でしたが、意外な結末が待っていました。

ふだん穏やかな性格の私でも、時と場合によっては怒るんだということを部下たちにインプットすることができたのです。

それ以来、部下たちは仕事により真剣に取り組むようになったし、私のいうこともよく聞くようになりました。感情を抑えてばかりいるのではなく、ごくたまには感情に任せて怒りを爆発させてもいいのだということを学びました。

ただし、これは内向型の私のようなタイプだからこそ効果があったにすぎません。

くれぐれも乱用は控えてくださいね。

point 21

時と場合によっては感情のままに怒ってもいい

22 心配性の内向型が安心して仕事を「任せる」には？

●思いきって任せてはみたものの大失敗

部下に責任感を与えるためには、ある程度まで仕事を任せてしまったほうが効果的です。

でも、理屈ではわかっていても、これがなかなか難しい、というのが実情でしょう。

私などは、ちょっとした頼みごとでも、だれかにお願いするのは気が引けます。

人の手をわずらわせることが、根本的に苦手なのです。

「ちょっとそれとって」とだれかに頼むよりも、黙って自分でとりにいくタイプですね。

デザイン会社時代も、仕事を任せるようにしていかないと部下は育たないとわかってはいても、なかなかできずにいました。

しかし、いつまでも私がすべての仕事を管理していることには限界がきているのも知っていました。

「このままではいけない」

そう思った私は、部下の1人に思いきって1つの仕事を任せてみました。

ところが、任せたのはいいのですが、今度はその仕事がどうなったかということが気になってしかたがありません。

それでも「どう、うまく進んでる?」と聞きたい衝動を抑えて我慢していました。

数日後、予定の期日に部下が仕事を仕上げてもってきたのですが、結果は不合格。

初めて1人で頑張ったという意味での成果こそありましたが、とてもお客さまに納品できるレベルではなかったのです。

「やっぱり任せるんじゃなかった」

と私は後悔しました。

部下も落ち込んでいます。

結局、私が徹夜で手直しをして、何とか納品しました。

でも、あとで気がついたことですが、このとき私は大きなミスをしていたのです。

ゴールは必ずしも1つとはかぎらない

振り返ってみると、

「任せるからには、こちらはいっさい口を出さないようにしよう」

と考えたのが間違いでした。

結果として、期待どおりの仕上がりにならなかったということもありますが、何よりも私の精神状態がよくなかったのです。

具体的には、仕事の経過が気になっているのにもかかわらず、それを抑えていたので、よけいにイライラしていました。

そのイライラは、仕上がりを見たときにピークに達しました。

そして、私のがっかりした顔を見て、部下は落ち込んでしまったのです。

「自信をつけさせようとしたのに、かえって自信をなくさせてしまった。このままではダメだ」

私は、自分に合った「理想の任せ方」を考え始めました。

そこで出た結論。

それは、「中間納期を設定する」というものでした。

最初から最後まで一気に任せてしまうのではなく、ある程度の中間納期を決めて、途中途中で確認できるようにしたのです。

トータルで1カ月かかる仕事だとしたら、1週間に1度、進捗報告をしてもらうという具合です。

いわば、**「大きな仕事を細かく刻んで、それぞれにゴールを設ける」**といったやり方ですね。

実際にやってみると、見事にフィットしました。私の心配性な性格でも穏やかでいられましたし、仕事もきちんと仕上がるようになりました。

なぜか？

途中でチェックが入ることで、方向性が間違っていたとしても修正ができるからです。部下としても最後まで自分でしっかり仕事をやり遂げることができるので、自信がつきます。

あとは、部下の上達の具合に合わせて、中間納期の数を減らしていけばいいだけ。

最終的には、私も安心して仕事を任せられるように成長してくれました。

心配性な内向型リーダーには、ぜひおすすめしたい方法です。

point 22

任せる際には「中間納期」を決めておこう

23 内向型リーダーだからこそ部下に「失敗体験」を与えよう

●あなたにも、こんな傾向がありませんか？

「かわいい子には旅をさせよ」といいますが、これは部下育成にも当てはまります。

本当の意味で一人前になってほしいと考えるなら、たくさんの旅（体験）をさせるべきでしょう。

そして、いろいろな体験をするなかでも、**「失敗体験ほど多くを学ぶことができるものはない」**というのが、私の実感です。

私はいまでこそ営業を人に教える仕事をしていますが、かつての営業マン時代を思い返してみると、失敗の連続でした。

営業に行って売れないで帰ってくるというのは、１つの失敗です。

私はそれを延々と6カ月間も続けていました。

もちろん、ただやみくもにアタックして玉砕していたというわけではありません。

ダメだった理由を考えて、あの手この手で違うアプローチを試していました。

そのなかの1つがヒットして、ようやく売上げゼロの地獄から脱することができたのです。

そして、いまこうして本を書いたり講演したりしている原動力となっているものこそ、じつはあの頃の大量の失敗体験なのです。

そこで、内向型リーダーのあなたにお願いがあります。

ぜひ、部下に対して「意図的に」失敗体験をさせてあげてください。

これは私自身の経験からいうのですが、内向型リーダーだった私は、当時の部下たちがミスや失敗をしないように、いつも先回りして手を打つようにしていました。

どうしても気がついてしまうのです。

なぜなら、内向型はとにかく失敗に敏感だから。

そして、そんな特質をもっているがゆえに、部下たちに貴重な（失敗）体験をさせてあげることができなかったのです。

残念ながら、これでは部下もなかなか成長できませんよね。
あなたも、きっとミスや失敗を回避する能力が高いことでしょう。
だからこそ、あえて失敗させることをおすすめしたいのです。

●失敗しても否定しない、叱らない

実際のところ、失敗体験から身につくことはたくさんあります。

- 失敗への免疫と精神的強さ
- 課題を見つけて自ら解決する能力
- 弱点を知ることによる謙虚さ
- 失敗体験から生み出された強力な説得力

とくに説得力は、どんなビジネスシーンでも強力な武器になります。
失敗体験をたくさんすると、たとえば、自動車販売の場合、
Aさん「この車は乗りやすいのでおすすめですよ」

Bさん「他社の車もひととおり乗ってみましたが、この車が一番乗りやすいのでおすすめですよ」

どちらの言葉に説得力があるかということです。もちろんBさんですよね。

やはり、いろいろと体験している人の言葉には、ズシリと重みがあります。

なお、部下が失敗したときには、くれぐれも否定したり叱ったりすることのないようにしてください。むしろ、「いい経験をしたなあ」とほめてあげるくらいがいいでしょう。

どんどん挑戦して、どんどん失敗する――。

そのプロセスを経てからの成功には大きな価値があります。

ぜひ、目先にとらわれることなく、長い目で部下の成長を見守ってあげてください。

そんなあなたの懐の深さは、きっと部下にも伝わるはずです。

point 23

失敗体験は、やがて部下の貴重な財産になる

column:04

内向型にピッタリ!? グループチャットのすすめ

先日、社外の人とあるプロジェクトで一緒に仕事をする機会がありました。

そのときにすすめられたのが「チャットワーク」というサービスです。

これは、無料で登録できてパソコンやスマートフォンなどで使えるグループチャットで、さまざまな会社で同様のサービスを行っています。

最初は、「こんなの使うのは面倒だな」と思っていたのですが、使っているうちにその便利さに気づきました。

基本はメールなので話さないですむのは当たり前ですが、決められたメンバーのみでのやりとりなので、ミーティングをしている感覚になれるのです。

自分の時間をよけいな会議にじゃまされたくない。人と話すことが苦手。

そんな私のような内向型にはピッタリのツールだと思いますよ。

ぜひ試してみてください。

URL　http://www.chatwork.com/ja/

第4章

うまくまとめようとしないほうがチーム力は上がる

——強いリーダーシップなんてなくてもOK！

24 なぜ、内向型の私でもチームをまとめることができたのか？

仕事の場以外では本当にバラバラだった！

あらためて振り返ってみると、私にとってリーダーとかチームなどという言葉は、本当に縁遠いものでした。

目立つのが嫌い、群れるのが嫌い……。

そんな私が何とかデザイン会社をきりもりできたのは、すべてメンバーたちのおかげだと思っています。

最初の頃の私は、チームをうまくまとめようなどとはいっさい考えないリーダーでした。

何しろ、１人ひとりを見るだけも大変なのに、全体をまとめるなんて自分にはとてもできないと思っていましたから。

途中でメンバーが増えてきたとき、「少しはチームとしての一体感をもたせなければ」と考え、いきなり定例ミーティングなどを始めたこともありました。全体の意思統一を図ろうとしたのですが、仕事が忙しくなるにつれ、いつの間にか立ち消えてしまいました。

私自身が苦手なので、みんなで旅行に行ったり、飲みに行ったりもしませんでした。

趣味もプライベートもバラバラで、仕事だけでつながっている関係でした。

でも、経験を積むうちにわかったのです。

「チームをまとめようなんて考えなくてもいい」ということに。

なぜなら、そんなまとまりのない（ように見える）チームでも、しっかりと機能していたのですから。

仕事がたて込んできたら、手の空いている者が手伝いに来る。法事などで休まなければいけないときには、だれかがヘルプに入る。

そうしてうまい具合に補い合うことでバランスがとれていたのです。

当時は「自然にそんなチームができていた」と思っていましたが、いまになってみると、ポイントを押さえる行動をきちんとやっていたことに気がつきました。

では、なぜ内向型の私が、それほどストレスを感じずに、チームを機能させることができたのか？

この章では、そのコツについて見ていくわけですが、その前に1つ、大切なことをお話ししておきたいと思います。

人はだれしも長所と短所をもっている

あるとき、「もし私がリーダーとしてもっと自覚をもっていたとしたら、あのチームはどうなっていたのだろう?」と想像してみたことがあります。

その答えは、「おそらく、あっという間に崩壊していた」というもの。

私は、何ごとにも完璧を求めがちな内向型ならではの性質をもっています。

完璧なリーダーにならなくては！　完璧なチームをつくらなくては！

そんなことを考えてピリピリしている私になど、だれもついてくるわけがありませんよね。1人で空回りしている自分の姿が目に浮かびます。

しかし、幸いにして（?）私はゆるーいリーダーになりました。

そして、それがかえってチームにいい影響をもたらしていたのです。

そもそもチームというのは、不完全な人間の集まり。

長所も短所ももち合わせた者同士が集まっているのです。

そこにいちいち完璧さを求められたら、メンバーはたまったものではありません。

あなたのチームも同じです。新人ばかりが配属されることもあるでしょうし、逆にクセのあるベテランが集まることもあるでしょう。性格も能力もまちまちな人たちの集まり。それが現実です。

だからこそ、まずあなたに心がけてもらいたいことがあります。

それは「完璧なリーダーになろうとしない」のと同時に、「メンバーにも完璧さを求めない」ということです。

人間というのは、どうしても他人より劣っている面に意識が向いてしまいがちですが、見る角度を変えると長所もたくさん出てきます。

個々のメンバーたちの特性を理解できるあなたなら、お互いの長所を認め合い、短所を補い合える関係を築けるでしょう。

まずは、自分にもメンバーにも完璧さを求めないことから始めてみてください。

point 24

チームにはいろいろな人がいるからこそ面白い

25

会社の目標と個人の目標をシンクロさせよう

●「頑張れ」だけではやる気は出ない

私がチームの1メンバーだった頃と、チームリーダーになってからとを比べたときの大きな違いの1つに**「目標」**に対する考え方があります。

メンバーだったときの目標とは、あくまでも上から与えられるものであり、ときには重いプレッシャーでしかありませんでした。ムリにやらされているという感覚です。

ところが、リーダーになってからは、**「いかに部下に目標を達成させるか？」**ということに苦心するようになりました。

「今月は〇〇万円の売上目標だから頑張ろう！」

メンバーだったときは、リーダーからのこんなセリフなど聞き流していたものですが、いざ自分がリーダーになってみると、同じセリフを部下にいうようになっていたのです。

何度同じことをいっても、部下はなかなかいうことを聞いてくれません。

考えてみれば当然ですよね。

かつての自分もそうだったように、数字だけを見せられて頑張れといわれても、頑張れるはずがないのです。

それどころか、高い目標数値に対して、たいていの部下は不満をもっているもの。

「こんな無謀な目標なんて、達成できるわけないじゃないか」

「毎日、目標のことばかりいわれて、もううんざり」

「どうせ頑張ってもムリなんだから適当にやっておこう」

不満ばかりか、最初からあきらめてしまっている人までいます。

残念ながら、こんな部下ばかりでは、会社から与えられた目標を達成することは難しいでしょう。

●私がリクルートでトップ営業になれた最大の理由

では、どうすればいいのでしょうか？

その答えは、メンバーそれぞれに「強い動機」をもたせることです。

やはり動機、それも当人にとっての強い動機がないと、「頑張る」気持ちにはなれないものなのです。

こんなことを私がいうのには理由があります。

なぜなら、リクルートで営業をやっていたとき、最初はまったく売れなかった私が突然、売れるようになったきっかけは、まさに動機をもった瞬間からだったためです。

営業成績が悪かった当時の私は、自分に自信をもてない人間でした。

しかも、超内向型の性格です。

自分でも、「このままでは将来は真っ暗だ」と思っていました。

そんなとき、ある上司からこんなことをいわれたのです。

「お前みたいな営業マンらしくないタイプがこの会社で売れるようになったら、格好いいと思わないか?」

たしかに当時のリクルートといえば、元気で明るい営業マンの集まりでしたから、私のようなタイプは超異色の存在でした。

その上司の言葉に、私は心のなかで大きくうなずきました。

「そうだ。自分みたいな人間がいい成績を出せたら、みんなの見る目が変わるだろうな。しかも、自信になるに違いない」

そのときから、私は2つの目標を同時に自らに課しました。

会社から与えられた売上目標と、「自信をつけることで将来の不安をとり除く」という個人の目標です。

表面上は、売上目標の達成を目指していましたが、私のなかではそれよりも自分のことで頭がいっぱいでした。

でも、そのおかげで、私はリクルートで全国営業達成率トップになれたのです。

それは大きな自信となり、現在にもつながっています。

あなたもメンバーに会社の目標を伝えるときに、個人の目標を達成することも同時に目指すような働きかけをしてみるのはいかがでしょう?

それがはまったときには、自ら「頑張る」部下に変わりますよ。

point 25

部下の将来像に目を向けよう

26

チームのレベルを一気に上げる「ナレッジの共有化」

●貴重な経験や知識を埋もれさせるな

何度もお話ししているように私は以前、デザイン制作の会社を経営していました。

デザインの作業は、すべてマッキントッシュのコンピュータを使っていたのですが、あるとき、デザイナーの１人が作業している画面を一緒に見ていたとき、私が知らない操作をしていることに気づきました。

「あれ？　いまのどうやったの？」

「ああこれですか、コマンドキーとオプションキーを押しながら操作すると、こうなるんですよ」

「そんな便利な機能があったんだ！　知らなかったよ」

当時は私もデザイン作業ができたので、ほとんどの操作を知っているつもりでした。

ところが、私の知らない便利な操作を、ずっと一緒にやっていたデザイナーが当たり前のように使っていたのです。

振り返ってみると、お互いに内気な性格だったので、そんな会話はしたことがない、ということに気がつきました。と同時に、「これはもったいないことだな」とも思いました。なぜなら、せっかくの技術も、だれも知らないままでは活かされることがないからです。

そこで私は、社内で**「ワンポイント講習会」**を定期的に開くことにしました。各自がもっている技術や知識をみんなの前で発表してもらうのです。

しばらく続けていると、メンバーたちの技術レベルが一気に伸びました。

しかも、お互いの操作方法が統一されてくるので、データの互換も容易になったのです。これが仕事の効率化という意味で大いに貢献してくれたというのは、あなたも想像できますよね。

効果はそれだけにとどまりません。

私がいないところでもメンバー同士で教え合う風土ができたので、雰囲気までよくなっていったのです。

● 共有することで生まれるさまざまなメリット

さて、いまお話ししたことは、いわゆる**「ナレッジ（知識）の共有化」**というもので、どんなチームでも応用できます。

さっそく例をあげてみることにしましょう。

私がコンサルティング先の営業チームに対してよくやっているのは、「営業で困っていることは何?」とメンバーに問いかけることです。どんなに小さなことでもいいので、どんどん付箋に書いてもらいます。ここまでは個人の作業です。

ある程度の数が出揃ったら、それぞれ付箋を見せながら発表してもらいます。

1人が発表していると、それと同じことを書いている人が出てくるので、同じ内容の付箋をまとめていきます。

この時点で、「まわりのメンバーがどんなことで困っているのか?」をお互いに知ることができました。

次に、一番付箋が多かったものに対して、それぞれどんな対応をしているのかを聞いていきます。

「お客さまを説得できない、というのが一番多いけど、それに対してみなさんはどんな対応をしていますか?」

すると、それぞれいろいろな答えが出てきます。

「クロージングトークの練習をする」

「ツールを使って説得する」
「いつも説得しきれずに帰ってきてしまう」
など、同じ課題に対しても、メンバーそれぞれが違う対応をしていることがわかります。そして、ここがポイントなのですが、こうすることで一番上手な対応をみんなで共有できるようになるのです。

当然、一気にレベルの底上げにつながります。

最初はごく簡単な困りごとが多かったのですが、これを定期的に行うことで、次第にハイレベルな悩みになっていき、新人でも高度な技術が使えるようになりました。

さて、以上のようにさまざまなメリットがある「ナレッジの共有化」――。

もし、あなたを含めてメンバー同士の間であまり会話がない環境だとしたら、ぜひこのような場を設定してみてください。

ふだん物静かな人が案外するどい意見をいったりするなど、メンバーの新しい一面を見ることまでできますよ。

point 26

メンバー同士で教え合える環境をつくろう

27 内向型でも楽しく参加できるミーティングにしよう

●あなたのチームも、こんな状況になっていませんか？

チームとして動き出すと、どうしても必要になるのが**「定例ミーティング」**です。

メンバーそれぞれの仕事の進捗状況を共有するためにも、メンバー全員で集まる機会は大切ですよね。

でも、私の場合は、いざやってみると最初のうちはうまくいきませんでした。

本当は情報交換をする場なのですが、リーダーである私からの一方通行で終始してしまうのです。

というのも、当時の私が採用していたメンバーは自分と似たタイプ（内向型）ばかり。

そのため、みんな発言したがらないのです。

その気持ちは、すごくわかりました。

私だって逆の立場だったら、絶対に発言しないでしょうから。

では、どういうミーティングなら話しやすいのか？

まず考えたのが、「全員が発言するにはどうしたらいいのか？」ということでした。

これは別にムリやり話させるというのではなく（それでは逆効果）、すべての人に発言する機会を与えることで、参加意識を高めてもらおうということからです。

そこでやってみたのが、「もち回り議長ミーティング」です。

文字どおり、議長をメンバーが順番に務めるというルール。

議長になった人は、どうしても話さなくてはいけなくなります。

そして何よりもわかってほしかったのが、逆の立場を体験することで、「メンバーが発言しないというのは辛いものなんだな」ということです。

これは、わりとうまくいきました。

ふだんはほとんど発言しないメンバーが議長になったときでも、何とかこなしていましたし、みんなも協力する気持ちになってくれました。

その応用で、「もち回り議事録係」や「もち回り板書係」などもつくりました。

これによって議事録のレベルが上がりましたし、みんなの意見を整理して板書するという経験は、その後、クライアントとの打ち合わせなどでも効果を発揮してくれました。

何よりも、いつもと違う雰囲気になるので、ミーティング自体が新鮮に感じられます。不慣れな進行をしているメンバーをまわりの人が助けたり、笑ったりしながら、自然とリラックスできたのが大きな収穫です。

ときにはカラオケボックスでミーティング

次に試してみたのが、**「場所を変えてみる」**ということです。

いつもの見慣れた部屋ではなく、外の貸会議室を使ってみたり、喫茶店の片隅でやってみたりしました。もっとも、ファミリーレストランはテーブルが大きくて使いやすいというメリットがある反面、とにかく騒がしいので不向きでしたが。

また、ランチをとりながらのランチミーティングや、早朝のオープン喫茶でのミーティングをやったこともあります。ただ、食べながらだと、やはり話しづらいので、議論する場としては向いていないかもしれません。

面白いのは、カラオケボックスでミーティングをしたときのことです（もちろん、歌はなしで、食べ物とドリンクだけを注文して行いました）。

カラオケボックスである以上、話をするにはまわりの部屋がうるさいのは当然のこと。

そこで、発言をする人にはマイクを使ってしゃべってもらうようにしたのですが、これが意外と効果的な演出となりました。

マイクをもつと、しゃべるのが苦手な人でも案外スムーズにしゃべりだすのです。

そうしたことも場所を変えてみることの効用ですよね。

ミーティングは、さまざまな情報を共有することが第一の目的ですが、同時にチームの結束を強めるという効果もあります。

加えて、進行方法を変えたり、場所を変えたりすると、メンバーの意外な素顔を見ることまでできます。

ぜひ、単調になりがちなミーティングをひと工夫してみてください。

point 27

すべての人に発言の機会を与えることで参加意識を高めよう

28 ナンバー2を育ててチームの力を底上げしよう

●それでもあなたは1人で頑張りますか？

私がデザイン会社で一番忙しかったときには、メンバーは10名になっていました。それまで仕事のやりとりは、私とメンバーとマンツーマンで行っていたのですが、さすがにこの人数になってくると、１人では対応しきれなくなってきます。

とくに私がクライアントとの打ち合わせなどで外出することが多くなると、困ったことが起こります。

私がオフィスにいないと、メンバーがちょっと確認したいことがあったとしても、それができません。

必然的に仕事に支障が出始めました。

「これはマズイぞ」

チームとしての歯車がうまく回っていない状況です。

そこでまず、私の外出を減らすことにしました。

クライアントとの打ち合わせなども、担当のメンバーに行ってもらうようにしたのです。

すると、私が顔を出さないことに対して、クライアントからクレームが来ました。

その気持ちもわかります。

自分の担当を格下げされたと感じたのでしょう。

結局、私が担当に戻ることになって、また外出が増えました。

次にやったことは、「メモを残す」ということです。

作業についてのコメントをメモに書き記しておいたのです。作業者から確認したいことなどが出ていたら、そのメモで応対しようとしたわけですね。

しかし、これもうまくいきませんでした。

その理由は、私が細かなメモを作成している余裕がなかったことです。また、デザインの仕事は、数値だけでは表現しにくい微妙なニュアンスも伝えなければならないのですが、メモではそれがしづらかったというのもあります。

「ああ、こんなときに分身の術が使えたらなあ」

当時は、そんなバカげた空想をよくしていたものですが、そんなある日、「これならいけるかもしれない」というアイデアがひらめいたのです。

●権限を渡すことでストレスが激減

そのアイデアとは、あるメンバーに**「自分の分身になってもらう」**というものでした。

そのとき、私が目をつけたメンバーは、当時でも実質的に会社のナンバー2でした。

創業期から一緒にやっていて仕事もできるし、会社のことも把握している。長年やっているので、私の考え方や性格も理解している。このように実力的には申し分ないのですが、気持ちがまだ1プレイヤーでしかありませんでした。

「彼の意識を変えるには、私の立場を体験させるといいのではないか？」

そこで私は、少しずつ彼に仕事を振り始めることにしたのです。

最初のうちこそ泣きが入りましたが、時間がたつにつれ、彼もその状況に慣れていきました。

私は彼にだけ仕事の説明をすればいいので、以前よりも時間に余裕ができました。

「だいぶ彼の意識も変わってきたな。じゃあ、今度は単に仕事を振るだけでなく、権限も増やしてみよう」

彼の成長を感じた私は、少しずつ権限を増やしていくようにしました。

クライアントとの打ち合わせの席に同行させたり、見積もりを書かせたり。

意識を徐々にリーダーとしてのものに変えていこうとしたのですね。

しばらくすると、彼は率先して動くようになってきました。

社内でのほかのメンバーとのコミュニケーションもよくなって、私の留守を安心して任せられるようにもなりました。

メリットはそれだけではありません。

何より私が変わったのです。

仕事を任せることとの解放感は、これまで味わったことのないものでした。

内向型の性格から、なかなか人に頼めないでいたのですが、思いきって権限を渡してしまうことで、気持ちがラクになったのです。ストレスも激減しました。

あなたも、ナンバー2を育ててみてはいかがでしょう?

きっと世界が変わりますよ。

point 28

「自分の分身」をつくることには無限のメリットがある

29 内向型のための「大勢の前でもあがらずに話をする」方法

●できれば避けたい、逃げ出したい！

いくら苦手とはいえ、リーダーになると、どうしても人前で話をする機会が出てきます。

かくいう私自身、デザイン会社を経営していた頃は、好むと好まざるにかかわらず、一同を集めて話をしなければならない場面が何度もありました。

ところが、これはとくにリーダーになった初期の頃のことなのですが、どんなに私が一生懸命話をしても、メンバーたちの反応が鈍い、いや、それどころかまったく反応がないのです。

もしかすると、あなたにも思い当たるふしがあるかもしれませんね。

実際のところ、人前でしゃべることを極力避けて通ってきた内向型タイプにとって、人前で話すというのは、かなり高いハードルです。

まず、上手にしゃべれなければなりません。

具体的には、抑揚をつけて、わかりやすく伝えるトークのテクニックが必要です。

もちろん、話の内容が面白いことは大前提。そのためには、テーマの探し方や話の順番を魅力的にできる構成力が必須です。

さらには、人前でもあがらないようにすること。

こうしてみると、リーダーになった頃の私は、どの要素ももち合わせていませんでした。うまくできるはずがなかったのです。

ただし、下手だからといって大勢の前で話すことをやめたほうがいいかというと、そうとばかりもいえません。一度に同じ情報を伝えるには、やはりみんなに集まってもらって話をするのがベストだからです。

いくら内向型だからといっても、人前で話さなければいけない場面は、どうしても避けられないのです。

伝える手段は言葉だけとはかぎらない

では、大勢の前で話すことが苦手な私は、どうやってその状況を克服したのでしょう?

私は考えました。

「みんなの前で話をする目的は何だろう?」と。

答えは単純明快、**「伝えたいことを正確に理解してもらう」**ことですよね。

そこで私は、「伝わればいいんだから、必ずしもすべてのことを口頭でしなくてもいいのでは？」ということに思い至ったのです。

具体的には、どうすればいいのか？

これは私が営業マンだったときにもやっていたことなのですが、**「すべてを言葉で伝えるのではなく、必要に応じてものを見せて伝える方法」**です。

たとえば、

「本プロジェクトのシンボルカラーは、ちょっと濃いめのレッドに決まりました」

という代わりに、

「今回のシンボルカラーは、これに決まりました」

といいながら実際の色を見せます。

言葉を紙に置き換えて、それをただ見せるだけ。そのほうがより早く正確に伝わりますし、何よりも口で説明しなくてもすむので、精神的にラクなのです。

ほかにも、数値で伝えるところをグラフで見せたり、ニュースの話をしながら現物の新聞を見せるという方法も有効です。

このように言葉以外のものを見せて伝えるようにすることには、もう1つ大きな利点があります。

それは、あがり防止になること。

人の話を聞こうとすると、どうしてもその人の顔を見て聞くことになります。大勢の人にいっせいに見られるというのは、あがり症にはきつい状況です。

ところが、ものを使って話をすると、人の目はものに向けられます。相手の視線をそらすことになるので、あがり症の人でも比較的落ち着くことができるのです。

ちなみに、これは私がセミナーでよく使う手法です。

小物を使ったり、スライドをスクリーンで見せたり、参考資料を回覧したりと、できるだけ言葉以外で伝えるように心がけています。

私があがらずにいられるのも、そうした細かな工夫をしているからです。

大勢の前で話をすることになったら、ぜひ、もので見せるようにしてみてください。

point 29

ものを使えば、人前で話すことがグンとラクになる

column:05

息抜き時間をスケジュール帳に書き込む

私は、1人になれる時間を定期的につくるようにしています。

メンバーも知らないような路地裏の喫茶店で軽い読書をする。パチンコ屋で息抜きをする。静かな公園のベンチで缶コーヒーを飲むなど。

はた目にはサボっているように見えるかもしれませんが、私にとっては「なくてはならない貴重なひととき」です。

ふだんからどうしてもストレスをため込んでしまう性質があるので、それをどこかで発散させないと仕事にならないのです。

以前は、「ストレスがたまったな」と感じてから1人の時間をつくっていたのですが、それだと遅いことに気づきました。ストレスの回復に時間がかかるのです。

そこで、スケジュール帳に「息抜き」時間をあらかじめ入れるようにしたところ、ふだんの仕事も気持ちよくできるようになりました。

内向型にとっては、1人になる時間をつくることも大事な仕事の1つなのです。

第5章

ピンチのときこそ内向型の強みが活きてくる

——これで、あなたはどんな壁も乗り越えられる!

30 そもそも内向型リーダーは逆境に強い体質をもっている

●ピンチやトラブルは待ったなしでやってくる

ここまでの章では、どちらかというと**「他者との関係」**について述べてきました。

とかく人づきあいが苦手な内向型リーダーとしては、まずそこが一番の悩みどころだと考えたからです。

実際のところ、自分よりも先に、他人に目がいってしまいがちですよね。

さて、この章では、リーダーである**「自分自身」**、とくに**「ピンチやトラブルへどう対応するか？」**ということに意識を向けることにします。

ピンチやトラブル――。

これは、だれにとってもイヤなものですよね。

しかも、それは待ったなしでいきなりやってくるから、よけいに厄介です。

いずれにしても、ピンチやトラブルにどう対応していくか？

そこでリーダーとしての真価が問われます。

何だかハードルが高そうに思われたかもしれませんが、ご安心ください。

内向型の性格は、じつはトラブル回避にはもってこいなのです。

なぜか？

内向型は、基本的にネガティブ思考です。

程度の違いはあるでしょうが、ものごとを悲観的にとらえがちです。

裏返せば、これはトラブルを未然に防いだり、損失を最小限にとどめる能力があらかじめ備わっているということ。

つまり、ネガティブ思考であるからこそ、内向型リーダーは危機管理能力に長けているといえるのです。

●ポジティブ思考は会社をつぶす!?

たとえば、仕事で扱っている商品の在庫が半分になっているのを知ったときに、どのように行動するかで、その後の対応は変わってきます。

内向型なら、在庫切れになってしまったときのことをすぐに想像することでしょう。「もう半分しかないぞ」「大量注文が入ったらどうしよう」「在庫が切れてお客さまを怒らせてしまったらまずいな」など、次々に考えを進めていきます。

心配性ともいえますが、それがかえって事故を未然に防いでいるのです。

一方、「まだ半分あるから大丈夫」と楽観視して補充の手配をしなかった場合は、急な大量注文に対応できずにチャンスを逃すことも考えられます。

在庫が切れてからバタバタと手配をしようとして、工場や外部スタッフ、さらにはメンバーたちを急かせて迷惑をかけることも想定できます。

世の中には、ポジティブなチャレンジ精神がよしとされる風潮もありますが、何の勝算もなく、ただ勘や前向きな思考だけで判断するのは、ビジネスではなくギャンブルです。

1人で賭けに負けるのならいいですが、会社やメンバーが巻き添えになると悲惨です。ときには、ネガティブ思考で慎重すぎるためにチャンスを逃すことがあるかもしれません。でも、それでいいのです。

確信をもてないままトライして大ダメージを受けるよりは、はるかに得策です。

ニュースでもたまに見かけますが、たった1人の不祥事のために、会社がつぶれてしまうこともありますよね。「これくらいなら問題ないだろう」と、楽観的に（短絡的に）判断した結果がまねく悲劇。「問題がバレたらどうなるか?」という想像力の欠如ともいえます。そんな社長やリーダーをもった部下こそ不幸です。

その意味でも、あなたは、すでに自身に備わっている危機管理能力を、自信をもって発揮すればいいのです。

大事故の可能性があるなら、どんなに魅力的な案件でも見送ること。
危険を事前に察知して、先回りして手を打つこと。
まわりがどんなに盛り上がっていようとも、冷静に判断すること。
この章では、それらを具体的に解説していきます。
つねに大きな果実を求めている人ばかりでは会社は成り立っていきません。
地味でもコツコツと確実に結果を出せる人材が絶対に必要なのです。
あなたには、そんなリーダーになってほしいと思います。

point 30

ネガティブ思考だからこそ危険を回避できる

31 この基準さえあれば、どんなときでもブレずに判断できる！

●リーダーは日々、判断の連続

突然ですが、質問です。

あなたは数人でランチに行ったときに、すぐに注文を決めるほうですか？

それとも、じっくりメニューを見てから決めるほうですか？

意外に思われるかもしれませんが、私はすぐに決めるほうです。

内向型でなかなか即決できない性格であるのにもかかわらず、注文はすぐに決めるようにしています。

とはいえ、これは決断が早いというのではなく、自分がゆっくり選んでいるために周囲の人やお店の人を待たせるのがイヤなので、そうしているだけの話です。

ふだんの私は、何ごともじっくりと検討してから決めるタイプです。直感に頼るよりも、たくさんの情報を集めて吟味して納得してから決めています。

でも、数人でランチに行くときは、とくに深く考えずに、すぐに決めているのです。

この違いは、判断の基準をどこに置くかということです。

ランチでは、自分が何を食べたいのかということよりも、みんなに迷惑をかけたくないということに重きを置いているから、素早く決めることができるのです。

これは、そのままビジネスにも応用できます。

リーダーになれば日々、決めなければならないことが発生します。

即決できるものもあれば、じっくり検討してから決めたいものも出てくるでしょう。

さらには、どちらにも決めかねるような事案も発生します。

迷ってしまうけど、迷っている時間もないケース。

でも、大丈夫。どちらを優先すべきかの判断基準をしっかりともっていれば、迷わず決めることができるのです。

目の前の損か？ 将来の得か？

たとえば、こんな判断を迫られたらどうしますか？

「超有名企業のA社から、値引きを要求されました。値引けば契約できますが、値引いたら利益がほとんどゼロになります。どうしましょう?」

正直、迷いますよね。

では、ここで次のような判断基準をもってきたらどうでしょうか?

それは、「長い目で見て会社の利益になるかどうか」です。

たとえば、先ほどの例で見ると、

「目先の儲けを考えると、値引きはできないから失注もやむを得ない。しかし、A社と取引があるという実績は、将来的に見て当社の売りになるし、信頼の証になる。結果、営業がしやすくなるので、トータルで利益につながるはずだ。だから、値引きに応じよう」

というように、瞬時に判断できるようになります。

ちなみに、このような多角的分析力や先々の想像力は内向型タイプの資質でもあります。

目の前の損を避けるか? 将来の得をとるか?

トータルで計算すれば、決めるべき答えが自然に出てきます。

さらに「会社の利益」という基準は、あなたの意見を通すときの大義名分になります。

もし、あなたの判断に上役の人が何か文句をいってきたときや事前に説明するときでも、「将来を見越して、会社の利益を考えて判断しました」

といえば、強力な説得力をもつことでしょう。

ものごとを決めるときに、いちいち悩んでいては仕事が進みませんし、気持ちも落ち着かないもの。

たとえ決めたとしても、「果たしてこれでよかったのだろうか？」と気をもんだりするのもイヤですよね。


そんなとき、「会社の利益」というのは絶対的な判断基準になってくれます。


私もこの基準で考えるようになってからは、その場で判断できるようになりました。

そして、その様子を見ている部下から厚い信頼を寄せられるようにもなりました。

あなたも判断に迷ったら、ぜひこの基準を使ってみてください。

point 31

迷ったときは「会社の利益になるかどうか」で決めよう

32 この視点を共有できれば「トラブルに強いチーム」がつくれる！

●気合十分で始めた新規事業から数年で撤退

基本的に内向型の人は **「最悪のケース」** を想定するのが得意です。

何か新しいことを始めようとするとき、それがもたらす利益よりも先に、それがダメだったときの損害を頭に浮かべてしまうのですね。

そして、そんな思考をもった人が会社には絶対に必要なのだということもお話ししました。とかく暴走しがちな部下の手綱を絞るのも、そんなあなたの役割です。

しかし、あなたがどんなに心配して止めたいと思っていることでも、会社の方針で（社長の鶴の一声などで）始まってしまうケースもあるでしょう。

それがもう決まってしまったことなら、会社の一員である以上は従うしかありません。

会社をあげての新規プロジェクトだとしたら、上層部をはじめとして、ほとんどの人が「成功」をイメージして始動します。

当たり前のことですが、成功すると判断したからこそ決めたのですから、うまくいくことを前提に計画が成り立っています。

でも、それこそが会社をピンチに追い込むきっかけになることもあるのです。

私が新卒時に勤めていた会社は、当時バブル期だったこともあり、業績は好調でした。

そこで、新規事業を始めることにしました。まったくの異業種に新規参入するために、子会社をつくるなど気合も十分。だれもが事業の成功を信じていました。

ところが、いざふたを開けてみると、その商品の市場におけるピークは過ぎていて、入り込むすき間がない状態だったのです。

悲惨なのは、私たち営業マンでした。売れると信じている上司に、売れない現状を説明しても、話すら聞いてもらえません。

工場では、どんどん商品が生産されていて、在庫が山のようになっていました。

結局、その事業からは撤退しましたが、それは数年たってからのことでした。

当時、もっと慎重な意見をいえる人がいたら、莫大な損失を免れたかもしれません。

このひと言が、あとになって活きてくる

ここで、あなたに伝えたいことがあります。

それは、**「内向型の特性をもっと重要視すべき」**だということ。

まわりのみんなが盛り上がっているときでも、冷静に状況を観察できる能力。

前向きな意見が主流のなかで、客観的な見地から意見を出せる能力。

会社は利益を上げることが目的ではありますが、もっというと、長く存続する事業を営むことが大前提です。目先の利益ばかりを追いかけて走り回っているだけでは、将来に危険を及ぼすこともあるのです。

「それはわかっているんだけど、なかなか意見をいえない」

そうですよね。みんなが前向きになっているときに、自分だけ後ろ向きな発言をして水を差すようなまねはしづらいと思います。

そこで、**「最悪のケースを想定して、対処法を準備しておくこと」**をおすすめします。

まわりが「やろう」としていることにストップをかけるのではなく、万が一の事態になったとき、そのダメージを最小限に止めるようにするのです。

私は、よく部下たちにこのような話をしていました。

「これを販売していくにあたって、最悪のケースを想定してみるとどうなる?」

「それが起こってしまったときに、どのような対処をするといいだろう?」

そうすることで、実際に最悪の事態になったときに、どうすべきかをイメージしてもらいながら、対処法を練っていたのですね。

すると、いままでプラスの面ばかり見ていた人でも、いったん立ち止まって冷静に考えてくれるようになります。

つまり、**「内向型の視点」**をみんなにもってもらうというわけです。

「万が一のために、対応マニュアルをつくっておいたらどうでしょう」

「予備の人員をいつでも確保できるように、他部署へ当たりをつけておきましょうか」

「人的ミスが起こりやすい個所は、ダブルチェックするルールにしたいですね」

などといった意見が出てくればしめたもの。

メンバーたちを巻き込むことで、より危機回避がしやすくなります。

私の会社の場合、メンバーにこのようなクセをつけてからというもの、ふだんからのミスが大幅に減りました。

各人が自主的にチェック機能をもち始めたからです。

ぜひ、最悪のケースを想定する習慣を共有するようにしてください。

point 32

いざというときのための対処法を準備しておこう

33 ふだんは控えめだからこそ非常時に前線に立つ効果は絶大

●こんなときこそ、あなたの出番

この本の主旨は、「ふだんは控えめでおとなしい人がリーダーになったとしても、素のままでいたほうが結果は出やすいですよ」というものです。

リーダーだからといって、何が何でも先頭に立って旗を振らなければいけないと思わなくても大丈夫です。

むしろ、メンバーの後ろからやさしく見守っているほうが性に合っていますし、結果も出やすくなります。

そう、通常は、引っ込み思案なリーダーでいてもいいのです。

ただし、例外が１つあります。

それは、非常時です。

具体的には、部下やチームがトラブルに巻き込まれたときには、一気に前線に立つ存在になってほしいのです。

とはいっても、そうする必要があるのは、本当に非常時だけです。

部下だけで解決できそうなときは、そのまま任せておいてかまいません。

そうではなくて、部下の立場では解決できないような事案が起こったときのみ、立ち上がればいいのです。

●尊敬されるリーダーはここが違う

もちろん、大きなトラブルが起こったら、あなた自身も逃げ出したくなることでしょう。

でも、ここだけは何とか踏みとどまってください。

なぜなら、そうしたトラブルは、むしろチャンスともいえるからです。

想像してみてください。

ふだんは目立たないリーダーが、非常時に前面に立って部下を守る姿を。

メンバーたちのリーダーを見る目はガラリと変わりますよね。

「いつもは、いるのかいないのかわからない存在だけど、いざというときには頼りになるリーダーだな」

非常時は、メンバーにあなたのことを印象づける絶好のチャンスなのです。

たしかに、トラブルの程度によっては、精一杯やっても結果が出ないこともあるでしょう。

それはある意味、しかたがないところです。

それよりも、ここで大切なのは、**「トラブルに正面から向かうリーダーの姿勢」**です。

内向型リーダーは、もともと弱々しい印象が強いもの。

「何かあったときに逃げ腰になるのでは？」といったイメージをもたれがちです。

そのイメージどおりのことをしてしまえば、メンバーから軽蔑されかねません。

やはり、せっかくリーダーになったのですから、メンバーから慕われたいですし、さらには尊敬される存在になりたいですよね。

だからこそ、非常時の態度がものをいうのです。

かつて、私もこんな経験がありました。

部下が大きなミスをして、お客さまに大損害を与えてしまったとき。

なんと、怒ったお客さまが私のオフィスに怒鳴り込んできたのです。

その剣幕に、メンバーはもちろん私もビビッていましたが、「ここは踏ん張りどころだぞ」と自分に言い聞かせました。

終始冷静に、そして毅然とした態度で応対しました。本来なら別室に案内して2人で話したい場面ですが、あえてみんなの見ている前で対峙したのです。

その数分間は心臓がバクバクしていましたが、何とか話をつけることができました。

するとどうでしょう？

次の日から、社内の空気が変わったのです。

それまでは、メンバーたちの間に、どこか私をなめている感じがありました。

ところが、その事件をきっかけに、明らかに私に対して一目置いていると感じられるようになったのです。

私は、リーダーとして当たり前のことをしただけです。

でも、ふだんとのギャップがあるので、よけいに好印象を与えてしまったようなのです。

繰り返しになりますが、トラブルからはだれしも逃げたいものです。

でも、そうであるからこそ**「トラブルは自分を認めさせるチャンス」**だと思って、ここだけは歯を食いしばって立ち向かいましょう。

point 33

非常時の対応がリーダーの信頼性を左右する

34

60%の自信で「行動」する勇気をもとう

●とかく内向型は100%を求めがちだが……

まず、あなたに質問です。

あなたは、何か行動を起こすときに、いつも100%成功する自信をもっていますか？

ミスをする要素が1つもない状態なら、安心して堂々と行動に移せるでしょう。

でも、そんな自信なんて、なかなかもてるものではないですよね。

内向型の私は、何ごとも慎重に進める性格ですが、それは裏を返せば病的なまでに失敗を恐れているからだともいえます。

完璧主義といえば多少は聞こえがいいけれども、要は臆病なだけなのです。「成功したい」という願望よりも、「失敗したくない」という気持ちが勝っているのかもしれません。

ただ、思うのは、「自分にとっての100%の自信というのは、いったいどんな状態なのか？」ということ。

一分の隙もない完璧な状態などあり得るのでしょうか？

おそらくないでしょう。

生身の人間がやることですから、すべてが計算どおりにいくなどということはあり得ません。

ということは、私は一生自信がもてないままということになります。

とはいうものの、私が何も行動できないままだとしたら、仕事もしていないでしょうが、実際には日々何かしらのビジネス活動をしています。

つまり、自信がないなりに行動していたということですね。

いまの会社を始めてからもう20年近くになりますが、結果的には、それほど大きなミスも失敗もしていません。

これが何を意味するかというと、**「自分に過剰な点数を課していた」**ということ。

私の実感値ですが、どうやら私たち内向型の１００％というのは、一般の人の１２０％くらいを指しているようなのです。

つまり、自信がないと思って行動していたのは、通常でいうところの１００％に近いものだったということです。

内向型に換算すると、80％程度の自信でよかったのですね。

●本当の合格ラインは想像以上に下にある

さて、私はこのことに気づいて以来、合格点をこれまでの100点から80点、そして最終的には60点にまで下げたのですが、そうすることで仕事がどんどん動き出しました。

営業でプレゼンに行くときでも、従来は資料をとことん集めて何度もシミュレーションしてから臨んでいたのですが、60点の出来で出かけていくようにしました。

正直、最初は単に時間が足りなくて、自分では中途半端なままで行ったのですが、結果として何の問題もなく無事に終了することができたのです。

「なあんだ、この程度でもよかったんだ」

一気に気持ちがラクになりました。

実際のところ、内向型が考える60点というのは、一般の人に当てはめると70〜80点レベルなので、十分合格ラインなのです。

前にもお話ししましたが、慎重さというのは、ビジネスではとても大切な要素です。

したがって、あなたの慎重な部分は、そのまま残しておいてください。

そのうえで、少しだけ合格ラインを下げてみるのです。

仕事というのは多くの場合、１００％うまくいくわけではありません。

「やってみたけどダメだった」ということもたくさんありますよね。

でも、そこで微調整をして練り直していけば、うまくいく確率はどんどん上がります。


試してみて、あとで修正すればいい――。


そう考えれば、60点で行動することが気楽になるでしょう。

何よりも、これまで１００点を目指していたために要していた時間と労力が大幅に短縮できます。

加速がつくというのは、まさにこのことです。

決断も早くなりますし、部下への指示もスピーディーになってきます。

リーダーであるあなたの行動が早くなれば、チームにも大きな弾みがつくでしょう。

最初は勇気がいりますが、「60点で行動する」ことを自信をもっておすすめします。

point 34

あなたは、もっと合格ラインを下げていい

35 それでもトラブルに見舞われたときには、こう考えよう

●私は根っからの打たれ弱い人間だった！

どんなに慎重に仕事を進めていても、トラブルやミスというのは起こるものです。

私がかつて勤めていた会社で、自分のちょっとしたミスから大クレームに発展してしまったことがあります。

当時は工作機械にとりつける精密測定機を売る営業マンでしたが、私の手配ミスで、その日のとりつけ工事ができなくなってしまったのです。

ところが、お客さまは機械を止めて待っています。

その機械は、いったん止めると、１日当たり１００万円の損害になるとのこと。

それが数日続いたら、とんでもない額になってしまいます。

そのときは何とか応急処置で対応できたので、多額の損害賠償責任にはならずにすんだのですが、お客さまからは怒鳴られ、上司と同僚には迷惑をかけ、会社にも大きな損害を

与えてしまった私は、本当に胃が痛くなって数日間、寝込んでしまいました。

その後、しばらくは慎重に仕事を進めていたのですが、トラブルというのは忘れた頃に起こるもの。

また同じようなミスを犯してしまいました。

「ああ、またあの辛い胃痛が始まるのか」と覚悟していたのですが、今回は1日食欲がなくなるくらいのダメージですんだのです。

前回の過酷な経験が私の心を強くしていたのですね。

そう、どんなに弱い神経でも、打たれれば強くなるようなのです。

このことがあってから、私は何かトラブルや問題に見舞われても、大きな動揺はしなくなりました。

むしろ、「前のときと比べたら、今回は大したことはないな」と冷静に対処できるようになったのです。

● 内向型リーダーが真に身につけるべきものとは何か?

内向型の人は、デリケートで傷つきやすい心をもっています。

しかもリーダーになると、これまでとは比べものにならないくらいに、いろいろなことが起こり、ことあるごとに心に負担がかかるので、つねにストレスと格闘することになります。

私もいろいろありました。

お客さまからいきなり取引停止をいい渡されたり、メンバーの前で取引先から罵倒されたり、信頼していた取引業者に裏切られたり……。

社内でも、メンバー同士がけんかをしたり、メンバーにクビをいい渡したり、女性社員に泣かれたりなどなど、数え上げるときりがないくらいのトラブルがあり、そのつど胃の痛む思いをしてきました。

でも、そうした経験があったからこそ、いまの自分があるのだと考えています。

いまでは、ちょっとくらいの問題が起きても、比較的平気でいられるようになりました。

自分でも「強くなったなあ」と思います。

人は、心労を乗り越えた数だけ強くなれます。

内向型の性格自体は変わりませんが、心は鍛えることができるのです。

あなたがリーダーになったことは、大きなチャンスです。

いままでにない試練やトラブルをたくさん経験できるのですから。

そして、その1つひとつの経験が、あなたの身体に蓄積されて、やがて大きな財産になっていくのです。

内向型リーダーとして身につけるべきものは、上手なしゃべりでも明るい性格でもありません。


めったなことでは動じない精神力です。


これさえあれば、内向型のまま、どんな環境でもやっていけることでしょう。

大きなトラブルに見舞われたら、「よし、これでまた自分を鍛えられるぞ」と思って対処してください。

そんなあなたは、必ず頼りになるリーダーになっているはずです。

point 35

トラブルはあなたの心を鍛える絶好のチャンス

column:06

差し入れ・おみやげをルール化しよう

私は、「出張などに出かけたら、必ずおみやげを買ってくる」というのをルールにしています。

これは別にメンバーのご機嫌をとるためではありません。

そこで発生する「会話」が目的です。

とくに何か用事がなければ人に対して声をかけられない自分を知っているからこそ、自ら会話のきっかけをつくっているのです。

話し下手の多くは、普通の会話が苦手というよりも、最初に話すきっかけづくりが下手な場合が多いもの。

もちろん、私もそうです。

そこで、おみやげというツールを使って、それをカバーしているというわけです。

他部署などへの差し入れも同じこと。しばらく顔を合わせていない人に対しては、なかなか話しかけられないというなら、差し入れを話題のきっかけにすればいいのです。

話すことがなくてオロオロするくらいなら、安いものだと思っています。

終章

肩の力を抜けば、自然に部下と結果がついてくる

――あらためて内向型リーダーに伝えておきたいこと

36

あなたは、もっとラクになっていい！

●「理想のリーダー」になるために大切なこと

さて、いよいよ最後の章になりました。

ここまでのところはいかがでしたでしょうか？

はじめは、「内向型」と「リーダー」というのは、どう見てもミスマッチのように思っていたかもしれませんね。

「気が弱い自分はリーダーなんてガラじゃない……」

「部下を抱えて仕事を回すなんてとてもムリ……」

「それに加えて、きちんと結果も出さなければいけないなんて……」

それぞれ程度の差はあるでしょうが、そんな不安とプレッシャーを抱えていたことだと思います。

でも、ここまでのところをご覧になって、その不安な気持ちもずいぶん消えてきたのではないでしょうか？

この本の目的は2つあります。


まず、読み終えたときに、あなたの気持ちがラクになっていること。


内向型リーダーのマインドの部分です。

あなたは、もっとラクになっていいのです。1人で重い荷物を背負い込んで、目の前に立ちはだかる巨大な岸壁に登ろうとする必要はありません。

もっと軽装で、自分なりのペースで、歩きやすい道を選んでいけばいいのです。

そんな気持ちの切り替えをしてほしいということが1つめの目的です。


もう1つは、明日からの実戦に使える情報を提供すること。


これはスキルアップの部分です。

そのために、内向型リーダーならではのやり方で、ストレスなく結果を出すための方法をお伝えしました。

マインドとスキル――。
私はこの２つが両立したときに、あなたなりの理想のリーダー像が見えてくると考えています。

本来の目的を忘れるな

リーダーは、会社で定められた目標を達成するために、チームを活用するのが役割です。すでにお話ししたことですが、あくまでも結果を出すことが目的なので、とにかくそこにたどりつければいいのです。

ゴールを明確にしておけば、あとはどのルートで行くかを決めるだけ。

そして、そのルートを選ぶのはあなた自身です。

私の専門分野である営業でも同じことで、売上目標を立てたら、あとはどんな手段をとるのも営業マンの自由です。

ひたすら歩き回ってたくさん訪問する人。

じっくりターゲットを絞って戦略的に訪問する人。

知人に連絡をとりまくって、とにかく紹介してもらう人。

どんな方法でもいいのです。

売上げという結果が出れば、たとえ毎日、定時に帰ったとしてもＯＫです。

ここで、内向型リーダーのあなたにお願いしたいことがあります。


ぜひ、あなたがラクな道を選んでください。


内向型の人にとってリーダーになるということは、ただでさえたくさんのハードルがあります。

そのなかには、どうしても乗り越えなければならないものもあるでしょう。

ただ、ムリして乗り越える必要のないハードルもたくさんあります。

そして、それを避けて別のルートを選ぶことは、むしろ正しい選択だといえます。

自分がやりやすくてプレッシャーのかからない道こそ、リーダーが選ぶべきルートです。

そうすることこそが、何よりもあなた自身を有効に活用できる秘訣なのですから。

point 36

どの道で行くかを決めるのはあなた自身

37

仕事とストレスは切っても切り離せない関係？

●まずはストレスの原因をすべて書き出してみよう

「ストレスに耐えるのも仕事のうち。この世にラクな仕事なんてない」

私は、ずっとそう思っていました。

何しろ、どこで働いてもストレスばかりの日々。

勤めていてストレスを感じない日はありませんでした。

「世の中の人は辛くないんだろうか？　ストレスを感じないんだろうか？　そもそも自分は働くということに向いていないんじゃないか？」

などと思ったりもしていました。

そんな私でしたが、自分なりの工夫をしてみたところ、徐々にですがストレスが減っていきました。

工夫といっても、とくに難しいことではありません。

「ストレスの要因となるものを1つずつ排除」することから始めてみたのです。

具体的には、こんな感じです。

- 満員電車に乗ること
- 人前で話すこと
- スーツにネクタイという姿で出勤することｅｔｃ.

まず、自分のストレスのもとになっているものを、細かなものまで全部書き出しました。

やはり内向型は苦手なものが多いので、必然的にストレスの要因も多くなるようです。

これらがあるかぎり、私からストレスが消えないのは明らかです。

すべて書き出したら、今度はその要因を1つずつなくしていくことを考えました。

満員電車に乗らないためには、「鈍行に乗る」「もっと早く家を出る」「会社の近くに引っ越す」などの選択肢があげられて、そこから現実的にできそうなものをやっていきます。

簡単にとり除けないものは、別のものに置き換えられないかを検討しました。

そうして、自分のストレスの要因を少しずつ減らしていったのです。

●「ゲーム化」でストレスを減らすのも1つの方法

ただ、そうはいっても、会社に勤めているかぎり、どうしてもとり除けない要因があるのも事実です。

そこで、もう1つ工夫をしました。

それは、「ゲーム化」です。

たとえば、「メンバー全員と1日1回話をする」と自分のなかでルールをつくり、それを達成できるかどうかを1人で楽しむのです。

ゲーム化することができれば、少なくともそのストレスの原因を直視する必要がなくなります。

暗い遊びだといわれそうですが、ストレスを減らすうえでは、それなりの効果があるので、あなたも自分なりの工夫をしてみてください。

さて、こうして私はストレスの要因を細分化することで、とり除いたり置き換えたり、ときには楽しくできるような工夫をしてきたわけですが、その過程であることに気がつきました。

それは、ストレスを減らすだけで、仕事の業績がどんどん上がっていく、ということです。

なぜなら、それまで気に病んでいた時間を、仕事に向けることができたからです。

内向型にとってストレスというのは、それだけ心のなかで大きなウエイトを占めていたのですね。

言い換えれば、業績を蝕む要因でもあったというわけです。

リーダーであるあなたには、メンバーのためにもやっておくべき優先課題があります。

それが、あなた自身のストレスを減らす努力をすることなのです。

point 37

ストレスを減らせば減らすほど仕事はうまくいく！

38 内向型にとってリーダーの経験は一生の財産になる

●どうしても避けて通れない道があったら？

「苦労は買ってでもしろ」

これは私が若い頃、年配の人からよくいわれていた言葉です。

当時の私は、「そんなことといったって、苦労しないですむのなら、そっちのほうがいいでしょ」と反発していました。

でもいま、私自身が年配になってくると、その言葉の意味がよくわかります。

仕事でも何でも、苦労というのは、経験の浅いものや不得意なものにぶつかったときに感じることです。

簡単なことだったら苦労などしませんよね。

ということは、その仕事を何とか終えたときには、その経験が身になったということになります。

そう、苦労をするたびに、知識や経験が身体に備わっていくのです。

内向型の人がリーダーになると、それはもうたくさんの苦労をすると思います。この本を通して私は、「できるだけ苦手なことは避けて通りましょう」といっていますが、それでも避けて通れない道というのも、やはりあります。

そして、それはしっかりと苦労しながらクリアすべきところです。

その新しい経験が、あなたをいちだんと大きくしてくれるのです。

私は高校2年生のときに、ネフローゼという腎臓の病気にかかりました。

約3カ月の入院生活、食事制限、絶対安静と初体験のことばかりでした。

最初のうちは、「なんてついてないんだ」と自分の運命を呪って悲観してばかりいました。

でも、そのうちに、「ふだんやろうと思ってもできない体験なのだから、思いきり病気と向き合おう」と考えるようになったのです。

いまでは完治しましたが、人が病気をしたときの無力さを知ることができたので、病気の予防や身体へのケアは当たり前のようにやっています。

おかげであれ以来、大きな病気はしていません。

これも、苦労した経験がいまに活きているという例です。

どうせやるなら、この考えで臨もう

私は、経験こそが一番貴重な財産だと思っています。

一生懸命お金を貯めても、盗まれてしまったらゼロになります。

立派な家を建てたとしても、火事で燃えたら、それもゼロです。

そんなことはめったに起きないとは思いますが、可能性はあるのです。

だとしたら、だれにも盗めなくて火事でも燃えないところにストックできる財産こそが、一生ものの宝物ではないでしょうか。

リーダーというのは、とくに目に見える資格はありません。

その代わり、身体のなかにたくさんの**「経験」**が毎日、刻み込まれていきます。

部下をもつ経験。人をほめる経験。人を叱る経験。

内向型がリーダーとなったからには、少なくとも最初のうちは楽しいことよりも辛いことのほうが多いと思います。

その辛いことをイヤイヤやるのと、「これもいい経験だ」と思いながらやるのと、どちらがいいのか？

その答えは、あなたにもわかりますよね。

もう1つ、自信をもっていえることがあります。

内向型に豊かな経験がプラスされると、リーダーの範疇にとどまらず、社会人として生きていく力が強くなる、ということです。

根っから慎重なタイプなだけに、裏づけとしての経験があると、自信をもって主張できるようになります。

言葉や態度に説得力が増すのです。

また、体験しているという自信があるので、堂々と落ち着いた態度でもいられます。

何かトラブルに見舞われたときでも、どっしりとかまえていられるのは、自分でも意外なくらいうれしいことです。

そのためにもリーダーとしての日々をムダにせず、何か困難にぶつかったとしても、将来の財産を築くつもりで経験値を上げていってください。

point 38

あなたの苦労は必ず報われる!

39 内向型のままで自分も周囲もハッピーに！

●私は、ずっと自分の性格を隠して生きてきた！

さあ、この本も終わりが近づいてきました。

ここで、あなたにどうしても伝えておきたいことがあります。


それは、内向型の性格についてです。


あなたは、内向型の自分の性格が好きでしょうか？

私は子どもの頃から40歳を超えるまで、ずっと自分の性格が大嫌いでした。

何とか変えたいと思い、いろいろな本を読んだり専門の教室にも行きました。

「自分の性格を変えたい！」と切に願っていたのです。

「内向型の性格は恥ずかしいし格好悪い」と思っていたので、できるだけ人に知られないように隠して生きてきました。

本当は細かいところが気になる神経質な性格なのに、わざと忘れ物をしたりしてズボラさをアピールしたりもしました。

しかし、いっこうに変えることができません。

そんなとき、私の転機となる出来事がありました。

この本の姉妹本でもある『内向型営業マンの売り方にはコツがある』（大和出版）で、自分の性格を洗いざらい書いてしまったのです。

それまで隠してきたことを、いきなり全国の読者に向けて表に出してしまう――。

いまだからいいますが、正直にいって怖かったです。

「自分はこんなに内向型人間なんですよ」とカミングアウトしたとき、まわりがどんな反応をするのか？

すると、自分でも驚くくらいの反響がありました。

さらには、この本を出したことによって、私の世界が劇的に変わったのです。

●いまこそ一歩前に踏み出そう

本のなかで、私は私自身の性格を受け止めていました。

自分は内向型の性格のもち主だと認めたのです。

すると、今度はまわりの人間が変わり始めました。

以前と比べて、より親しげに接してくるようになったのです。

その理由は、一生懸命に隠そうとしていた性格ですが、やはりまわりから見たらバレバレだったから。

みんなは私のことを内向的な人間だと知っていました。

しかし、当の私自身がそれを認めない態度をとり続けていたのです。

したがって、まわりの人からすると、

「この人は自分の性格を隠そうとしているみたいだから、触れないでおこう」

ということになり、おのずと距離が開いていたのでした。

それまでは、肩ひじ張って、内向型だということがバレないように警戒しながら人づきあいをしていました。

はっきりいって疲れます。人とのコミュニケーションもうまくいきませんでした。

ところが、肩の力を抜いて、自分をオープンにしてみたところ、どんどん人が寄ってきたのです。

もちろん、相変わらず人づきあいは苦手です。それでも、以前とは比べものにならないくらいに、気楽につきあえるようになりました。
だから、自信をもっていえるのです。
内向型の性格を認めて、まわりの人にオープンにすることの素晴らしさを。
それまで隠してきたことをオープンにするというのは、とても勇気がいることです。
あなたも、そう簡単にはできそうもないと思っていることでしょう。
でも、これだけは頑張ってやってください。
ストレスが消えるのと同時に、メンバーとの人間関係がよくなるのは明らかです。
内向型リーダーが、まずすべきこと。

それは、まわりの人に対する自己開示です。

これさえできれば、あとは自然に部下も結果もついてきます。
あなたも、ぜひ、ここからスタートしてみてください。

point 39

自分をオープンにすれば世界が変わる

おわりに

やるべきことを見極めた先には「明るい未来」が待っている

「苦手なことは、できれば避けて通りましょう。

そして、自分が歩きやすいルートでゴールを目指しましょう。

それこそが、内向型リーダーが進むべき道です」


この本では、このことを何度も繰り返してお話ししてきました。

もちろん、それだけでもリーダーとして十分に通用するはずです。

ただ、そうはいっても日々の業務を進めていくうえでは、多少は苦手なこともやらざるを得ない場面が出てくることでしょう。

仕事の効率を考えても、どうしても避けて通れないと判断したら、そこはぜひ、前向きに挑戦してほしいと思います。

最初は苦労するかもしれません。なかなか糸口が見つからないこともあるでしょう。

でも、それを繰り返していると、何とも不思議なことが起こります。

あれだけ苦手で避けて通ってきたことが、いつの間にかできるようになっているのです。

私自身、いまでこそ1000人以上の前でも話をすることができますが、ほんの少し前までは、「絶対に人前で話をする仕事はしたくない」と思っていました。

新卒のときに、5人の前で話をせざるを得ないことがあったのですが、あがってしまって言葉につまり、途中で逃げ出してしまった経験がトラウマになっていたのです。

それでもやはり人前で話す場面を避けられないとなったとき、そこで初めて真剣に向き合うことにしました。

初回はボロボロ。

その後もなかなか上達しませんでしたが、「少しずつでも改善していこう」と頑張っていました。

すると、あるとき、

「渡瀬さん、口下手といってるけど話がうまいじゃないですか」

と参加者にいわれたのです。

そんなことは、生まれてから一度もいわれたことがなかったので、「どうせお世辞だろう」と思っていました。

ところが、その後も同じようなことを頻繁にいわれるようになったのです。

自分ではそれほど自覚がないのに、いつの間にか苦手なことを克服していたというわけですね。

これと同じことは、あなたにもいえます。

どうしても避けられない巨大な壁も、徐々に慣れていくことによって、いつの間にか乗り越えられるようになるのです。

内向型としての優位性をもちながら、外向型の能力をも身につけたリーダーになる——。

そんなことまで可能になるのです。

頑張らなくてもいいことと、頑張るべきこと。

それらを見極めて、その両方をバランスよく手に入れたとき、あなたはもう無敵です。

そんな未来像を描きながら、あなたならではの個性を１００％活かしたリーダーになってください。

渡瀬　謙

頼めない・叱れない・人間関係が苦手……

内向型人間《ないこうがたにんげん》のリーダーシップにはコツがある

2013年9月26日　初版発行

2023年6月2日　6刷発行

著　者……渡瀬《わたせ》 謙《けん》

発行者……塚田太郎

発行所……株式会社大和出版

東京都文京区音羽1-26-11　〒112-0013

電話　営業部03-5978-8121／編集部03-5978-8131

http://www.daiwashuppan.com

印刷所……誠宏印刷株式会社

製本所……株式会社積信堂

ISBN978-4-8047-1798-2